Serie «Conozca su Biblia»

Filipenses, Colosenses, 1 y 2 Tesalonicenses, Filemón

por Awilda González-Tejera

Augsburg Fortress

MINNEAPOLIS

Esta serie

«¿Cómo podré entender, si alguien no me enseña?» (Hechos 8.31). Con estas palabras el etíope le expresa a Felipe una dificultad muy común entre los creyentes. Se nos dice que leamos la Biblia, que la estudiemos, que hagamos de su lectura un hábito diario. Pero se nos dice poco que pueda ayudarnos a leerla, a amarla, a comprenderla. El propósito de esta serie es responder a esa necesidad. No pretendemos decirles a nuestros lectores «lo que la Biblia dice», como si ya entonces no fuese necesario leer la Biblia misma para recibir su mensaje. Al contrario, lo que esperamos lograr es que la Biblia sea más leíble, más inteligible para el creyente típico, de modo que pueda leerla con mayor gusto, comprensión y fidelidad a su mensaje. Como el etíope, nuestro pueblo de habla hispana pide que se le enseñe, que se le explique, que se le invite a pensar y a creer. Y eso es precisamente lo que esta serie busca.

Por ello, nuestra primera advertencia, estimado lector o lectora, es que al leer esta serie tenga usted su Biblia a la mano, que la lea a la par de leer estos libros, para que su mensaje y su poder se le hagan manifiestos. No piense en modo alguno que estos libros substituyen o pretenden substituir al texto sagrado mismo. La meta no es que usted lea estos libros, sino que lea la Biblia con nueva y más profunda comprensión.

Por otra parte, la Biblia —como cualquier texto, situación o acontecimiento— se interpreta siempre dentro de un contexto. La Biblia responde a las preguntas que le hacemos, y esas preguntas dependen en buena medida de quiénes somos, cuáles son nuestras inquietudes, nuestras dificultades, nuestros sueños. Por ello, estos libros escritos en nuestra lengua, por personas que se han formado en nuestra cultura y la conocen. Gracias a Dios, durante los últimos veinte años ha surgido dentro de nuestra comunidad latina todo un cuerpo de eruditos, estudiosos de la Biblia, que no tiene nada que envidiarle a ninguna otra cultura o tradición. Tales son las personas a quienes hemos invitado a escribir para esta serie. Son personas con amplia experiencia pastoral y docente, que escriben para que se les entienda, y no para ofuscar. Son personas que a través de los años han ido descubriendo las dificultades en que algunos creyentes y estudiantes tropiezan al estudiar la Biblia —particularmente los creyentes y estudiantes latinos. Son personas que se han dedicado a buscar modos de superar esas dificultades y de facilitar el aprendizaje. Son personas que escriben, no para mostrar cuánto saben, sino para iluminar el texto sagrado y ayudarnos a todos a seguirlo.

Por tanto, este servidor, así como todos los colegas que colaboran en esta serie, le invitamos a que, junto a nosotros y desde la perspectiva latina que tenemos en común, se acerque usted a estos libros en oración, sabiendo que la oración de fe siempre recibirá respuesta.

Justo L. González
Editor General
Julio de 2005

Contenido

Contenido

Introducción

Las cartas de Pablo

Las cartas a los Filipenses, 1 y 2 de Tesalonicenses, Colosenses y Filemón forman parte de los escritos paulinos, cuyo aporte al cristianismo ha sido inmenso. Cuando el apóstol escribe no está intentando expresar toda su teología; lo que dice depende de la situación a la que se dirige. Pablo escribía para corregir, exhortar, animar e informar de sus planes de viajes, entre otras cosas. Al hacer esto, quedaron registradas en sus escritos sus enseñanzas —lo que hoy se conoce como la teología paulina. Luego, las diferentes situaciones que motivaron a Pablo a escribir trajeron como resultado reflexiones teológicas que van más allá de la situación histórica particular.

Como se acostumbraba en esos tiempos, Pablo dictaba su carta y otra persona la escribía. En Romanos, por ejemplo, hace uso de un secretario (Tercio; Ro 16.22). Usualmente el autor escribía la conclusión o saludos finales como verificación de que la carta era suya (Gl 6.11; 1 Co 16.21; 2 Ts 16.21). En Filemón, Pablo dice que escribe «de mi mano» (Flm 19). Pablo esperaba que lo que él dijera en sus cartas fuera escuchado por los destinatarios (Col 4.16), ya que las cartas se leían en voz alta a las iglesias. En la actualidad leemos las cartas de Pablo como textos literarios y bíblicos. Pero cuando Pablo escribió su intención era producir cierto efecto en quienes escuchasen su lectura. Esa audiencia estaba familiarizada con la cultura y retórica de sus tiempos.

La estructura de las cartas de Pablo sigue el patrón de las cartas del mundo grecorromano, especialmente la división de la carta en tres partes principales: introducción, cuerpo y conclusión o despedida. En la introducción, al saludar a sus destinatarios, usualmente Pablo se identifica como apóstol o siervo. También hace acción de gracias por los destinatarios (Ro 1.8; 1 Co 1.4; Flp 1.3; Col 1.3; 1 Ts 1.2; 2 Ts 1.3; Flm 4) o declara una bendición sobre ellos (2 Co 1.3; Ef 1.3). Es también usual en Pablo, como en las cartas grecorromanas, incluir (directa o indirectamente) en la introducción algún indicio de lo que ha de tratar en el resto de la carta (1 Co 1.4-9; Flp 1.3-11).

Las cartas de Pablo nos permiten ver su relación con las primeras comunidades de fe y con los individuos a quienes escribe. Filipenses, por ejemplo, deja ver la relación cercana de Pablo con la iglesia de Filipos. Otro ejemplo sería la carta a Filemón, donde vemos cómo Pablo envía de regreso a Onésimo, un esclavo que había escapado de su amo. Al hacer esto, se refleja en la carta la relación personal y social que Pablo tenía con su destinatario, Filemón, al igual que la relación con Onésimo.

Los escritos de Pablo además nos dejan ver varios aspectos de su vida, tales como el alcance de su ministerio, sus sentimientos ante su encarcelamiento y muerte cercana, su entrega y pasión por las iglesias, su regocijo al recibir ayuda, su deseo de ver a sus destinatarios, y su determinación e influencia para que un esclavo fuese recibido como libre. Vemos la parte humana de un apóstol dedicado a extender el evangelio y a cuidar celosamente de sus iglesias.

Las cartas de Pablo presentan asimismo la complejidad del pensamiento paulino. En Filipenses habla sobre la entrega suprema de Cristo y su exaltación, así como de su propia carrera ministerial. En Colosenses vemos cómo advierte acerca del peligro de herejías que afectan la iglesia, y establece la supremacía de Cristo. En 1 y 2 de Tesalonicenses habla directamente de la venida del Señor y otros aspectos del fin de los tiempos. En Filemón se acentúan los nuevos lazos en Cristo dentro de las relaciones humanas. Pablo desarrolla estos y otros temas en oraciones gramaticales complejas y hasta difíciles de entender. Bien lo dijo el apóstol Pedro al afirmar que las cartas de Pablo contienen sabiduría, y que entre ellas «hay algunas difíciles de entender» (2 P 3.16).

Por otra parte, estas cartas han mostrado su pertinencia para la iglesia de todos los tiempos. Aunque iban dirigidas a una iglesia o individuo en particular, la enseñanza, consejos, exhortaciones, y en general el contenido de la teología paulina, llevan una autoridad que eleva estas cartas al rango de enseñanzas y principios normativos para todos los tiempos.

Autor

Trece de las cartas del canon del Nuevo Testamento fueron escritas por Pablo o atribuidas a él. La autoría del apóstol Pablo de Filipenses, 1 Tesalonicenses y Filemón es indisputable; no así la de Colosenses y 2 Tesalonicenses. Se han aducido argumentos tanto a favor de la paternidad paulina de estas últimas como en contra de ella. Una amplia discusión de la autoría de Colosenses y 2 Tesalonicenses está más allá de los límites de este libro, pero es importante decir que estas dos cartas aparecen en la lista del Canon de Muratori. (Muratori era un bibliotecario en Milán que en 1740 descubrió y publicó una lista de libros sagrados que parece provenir del final del segundo siglo o de principios del tercero). En todo caso, Colosenses y 2 Tesalonicenses son parte del Nuevo Testamento y reciben reconocimiento general como Escrituras sagradas.

Es importante entender que, si no fue Pablo quien escribió Colosenses y 2 Tesalonicenses, debió haber sido alguno de sus seguidores o asociados, y que por tanto estas cartas expresan la teología paulina. Por ello, de aquí en adelante nos referiremos a Colosenses y 2 Tesalonicenses como «cartas de Pablo» o como «cartas paulinas».

Pablo y su mundo

Acerca de Pablo (su nombre romano) o Saulo (su nombre judío) podemos decir que es producto de la influencia de tres culturas: la judía, la helenista y la romana. Los niños judíos, especialmente los que iban a ser rabinos o maestros, eran instruidos celosamente en la tradición judía. Tal parece haber sido el caso de Pablo, ya que sus padres le enviaron a Jerusalén a estudiar a los pies de un maestro judío llamado Gamaliel. Pablo nació en Tarso, una ciudad en Asia Menor que era un centro de la cultura helenista que sobresalía en el estudio de la filosofía. Pablo había adquirido una buena educación, como se ve en sus cartas. Aunque fue criado como judío, creció en un ambiente urbano y de encuentros entre culturas. Esto nos ayuda a entender por qué trabajó principalmente en ciudades como Antioquía, Efeso, Tesalónica, Corinto, Damasco y Jerusalén. Además era ciudadano romano, al igual que sus padres, y esto le garantizaba ciertos privilegios.

Antes de su conversión al cristianismo, Pablo era fariseo, celoso de la ley y de su religión judía al punto de perseguir a la iglesia. Los judíos tenían un sentido de elección como pueblo de Dios. Esto implicaba que aunque había diferentes grupos dentro del judaísmo (fariseos, saduceos, esenios, zelotes, etc.), esta diversidad estaba enmarcada por una definición común. Los paganos distinguían hasta al judío más helenizado como una raza aparte. El judaísmo de la diáspora (es decir, fuera de Palestina) tuvo gran importancia en la extensión del cristianismo, especialmente por sus sinagogas. En muchos de los lugares adonde habían llegado, los judíos de la dispersión se establecían en sinagogas que servían de centros para mantener la identidad judía. Más tarde, cuando surgió el cristianismo, las sinagogas fueron el trampolín para que el cristianismo se extendiera. Así, según la narración del libro de Hechos, era a las sinagogas adonde Pablo iba primero cuando llegaba a una ciudad.

Pero Pablo también recibió la influencia de la cultura grecorromana, fuertemente marcada por el helenismo —la filosofía de vida que prevalecía en el mundo grecorromano. La familiaridad con esta tradición cultural se manifiesta en su uso de la retórica. La retórica era parte esencial en la educación griega, y enmarcaba la cultura, la educación, la literatura y todo el sistema de valores. La retórica dominaba las escuelas griega, y también en cierto grado alcanzó a las escuelas judías. No hay evidencia en el Nuevo Testamento de que Pablo recibiera educación en alguna escuela filosófica griega. Al contrario, su educación fue netamente judía, pero ciertamente, como cualquier habitante culto dentro del Imperio Romano, Pablo reflejaba las ideas y estilos del mundo helenista que le rodeaba.

La influencia de la retórica se puede ver en el estilo de las cartas paulinas. Además, se nota el uso de algunas ideas griegas y algunas alusiones, aunque pocas, a los poetas griegos (1 Co 15.33; Hch 17.28). Sin embargo es importante señalar que cuando Pablo cita o toma algún elemento o idea de la cultura helenista lo coloca en un marco diferente, como veremos en el estudio de sus cartas. No se debe pensar que los elementos helenistas sean centrales en los escritos de Pablo; lo que es

central es el evangelio. Los temas centrales en el me
cruz, el sacrificio de Cristo, su muerte y resurrección ,
gracia —no por obras de la ley. Pablo no era un filósofo me.
apóstol y ministro de la palabra, pero cuando presenta sus arg.
abraza ciertas formas de la retórica y el pensamiento griegos. Pablo
la retórica e ideas de sus tiempos no como un fin en sí mismo sino como
una vía para comunicar sus exhortaciones, instrucciones y enseñazas,
y para animar a sus iglesias. Aunque estuvo expuesto a la cultura
helenista y utiliza vocabulario y elementos de ella, no dependía de ella
para desarrollar y organizar sus argumentos. Mucho más, por haber
sido adiestrado como fariseo, Pablo cita frecuentemente las Escrituras
hebreas y refleja la forma de pensar de los judíos.

Para entender a Pablo hay que tener en cuenta su contexto histórico
dentro de su propio pueblo. El cristianismo en sus inicios se enfrentaba a
conflictos con las comunidades judías, así como con la cultura helenista.
Las primeras personas cristianas eran judías. Pablo mismo era un judío
convertido al cristianismo. Su conversión produjo un cambio drástico
en su vida y en sus valores (Flp 3.7-8). Tenía un mensaje y deseaba
fervientemente llevarlo a judíos y gentiles. Para el judaísmo, Pablo y su
mensaje eran motivo de controversia. Por ejemplo, en cuanto a cómo se
ganaba a un gentil, los términos y métodos que Pablo utilizaba no eran
comunes entre los judíos. En el judaísmo los gentiles que querían abrazar
la fe tenían que cumplir con la ley de Moisés, incluyendo la circuncisión
física. Como medios de acercarse a Dios, Pablo anunciaba la cruz (Flp
2.8) y la circuncisión no de la carne sino la del corazón (Col 2.11; Flp
3.3; Ro 2.29). Aunque Pablo procuró alcanzar con su mensaje a su propia
raza, tuvo conflictos con ella y se volvió hacia los gentiles —y es por eso
que él mismo se denomina «apóstol a los gentiles» (Ro 11.13).

Podemos conocer estos y otros conflictos gracias a las cartas paulinas,
que contienen detalles e información sobre la vida de las primeras
comunidades de fe, y sobre sus luchas y problemas en el contexto de una
cultura y un ambiente difíciles. Pablo, como los otros autores bíblicos,
dejó en sus escritos un legado invaluable para el cristianismo.

l estudio de Filipenses, Colosenses, 1 y 2 Tesalonicenses, y Filemón

Las cartas a los Filipenses, 1 y 2 Tesalonicenses, Colosenses, y Filemón deben leerse como escritos sobre situaciones particulares. Al identificar estas situaciones, la comprensión del escrito se facilita. También deben leerse, no como tratados teológicos, sino principalmente como las instrucciones, exhortaciones y cuitas de un apóstol que tenía un gran celo por sus amadas iglesias y por la extensión del evangelio. Al hacer esto dejó plasmados en sus escritos profundos principios y verdades teológicas.

Para entender las cartas paulinas se hace necesario conocer el contexto del mundo en el que Pablo vivió. Es por esto que ponemos atención en nuestro estudio tanto al trasfondo y formación judía de Pablo como a la influencia de la cultura griega. Al estudiar cada carta se hará referencia a principios del Antiguo Testamento, a la retórica griega, a las ideas de los moralistas griegos, y a las costumbres y prácticas (griegas y judías) de esos tiempos.

Hemos dividido este libro en cinco capítulos principales, cada uno dedicado a una de las cartas bajo estudio. En los primeros tres capítulos se introduce cada carta con información básica sobre la ciudad donde estaban las comunidades cristianas a las cuales las cartas se dirigían. Se habla brevemente de la historia de cada iglesia en particular o se da información sobre la iglesia, sus características y destinatarios. En el cuarto y quinto no se estudian todos estos elementos, ya que las condiciones en Tesalónica se habrán discutido en el tercero, y en el quinto la carta que se estudia va dirigida a una persona (Filemón) —aunque en el saludo Pablo la dirige también a la iglesia, como veremos. Además se introduce cada carta con un bosquejo sencillo que sirve de guía para la discusión que sigue. Por último, debemos señalar que a veces se incluye alguna palabra griega seguida de una explicación. Esto se hace cuando se considera que conocer el significado de la palabra en el idioma en que la carta se escribió originalmente arroja luz sobre el texto que se estudia.

Capítulo 1

La Carta a los Filipenses

La ciudad

Filipos era una ciudad pequeña de unos 10,000 habitantes. Era una colonia romana importante dentro de la provincia de Macedonia, que estaba dividida en cuatro distritos, de los cuales Filipos era uno. La ciudad fue fundada entre los años 358-357 a. C. por Felipe II, el padre de Alejandro el Grande (el gran conquistador griego). En la segunda centuria antes de Cristo pasó a ser territorio romano, y muchas personas procedentes de Italia se establecieron allí. La ciudad de Filipos estaba poblada predominantemente por romanos y griegos. Se hablaba griego, que era el idioma oficial del imperio. Se cree que la población judía en Filipos era escasa o ninguna. La estrategia de Roma al conquistar un nuevo territorio era procurar la permanencia del gobierno romano. Para esto traían un grupo de ciudadanos romanos y se establecía un puesto militar. Los habitantes del territorio conquistado tenían que someterse al nuevo gobierno.

Los ciudadanos de Filipos tenían ciudadanía romana y gozaban de ciertos privilegios como propiedades, derechos legales y exención de tributos que otras personas tenían que pagar. Muchos ciudadanos eran veteranos del ejército romano. Como colonia romana la ciudad era gobernada por oficiales romanos y bajo los principios de la ley romana, así como bajo la ideología y cultura romana. Tenía el carácter legal de territorio romano en Italia, bajo la «ley italiana»; este era el más alto honor que se le daba a una ciudad romana. Filipos, así como otras colonias romanas, era una «pequeña Roma».

Filipos estaba ubicada en la vía Egnatia, ruta que comunicaba a Roma con Asia Menor, y que corría de este a oeste cubriendo Tracia y Macedonia. Los viajeros que se dirigían a Italia llegaban a las costas adriáticas por esta vía y luego por barco a Italia. La ciudad vino a ser uno de los puntos estratégicos para que los viajeros que tomaban la Vía Egnatia pudieran hacer parada en su viaje. Estaba localizada en una región fértil no muy distante del mar, y era un centro de producción agrícola —principalmente de granos y vino.

La Iglesia de Filipos

La iglesia de Filipos es la primera que Pablo establece en Europa. El apóstol visita Filipos por primera vez en su segundo viaje misionero (Hch 16.12), probablemente alrededor del 50-51 d. C. Estando en Troas, tiene una visión de un varón macedonio que le pide pasar a Macedonia y que les ayude (16.9). Pablo entiende que la visión significa que deben anunciar el evangelio en Macedonia (16.10). En Filipos no había sinagoga, a diferencia de otros lugares que Pablo visitó, en los que primero se dirigía a las sinagogas para llevar su mensaje. Pablo encuentra en un lugar junto al río, «donde solía hacerse la oración» (16.13), a un grupo de mujeres que se habían reunido para orar. Lidia, una vendedora de púrpura, estaba allí y fue la primera conversa de Filipos. La narración de Hechos se refiere a Lidia como una mujer «que adoraba a Dios» (16.14). Esta expresión sugiere que no era judía, sino una gentil temerosa de Dios. Su familia también creyó y fue bautizada.

Hechos habla de otra persona que se convirtió al cristianismo en Filipos, el soldado romano que vigilaba la cárcel donde Pablo y Silas fueron encerrados por predicar el evangelio (16.22-34), y supuestamente por enseñar costumbres judías que no eran lícitas entre los romanos (16.21). En la cárcel ocurren dos milagros: Pablo, Silas y todos los presos son liberados de sus cadenas, y las puertas de la cárcel se abren (aunque los presos no se escaparon). Ante el peligro que confrontaría este carcelero por lo ocurrido, Pablo le predica la palabra y el carcelero y su casa creen (16.32). Es así como se sigue extendiendo el evangelio en Filipos. Más tarde Pablo visita nuevamente esta iglesia en su tercer viaje misionero (20.1) y luego de recorrer varias regiones regresa nuevamente por Macedonia (20.3, 6). La relación de Pablo con la iglesia de Filipos se mantiene a través de sus visitas y sus cartas.

El registro que hace Hechos de los primeros conversos de Filipos también deja ver que las mujeres vienen a tener un rol significativo de liderazgo en la extensión del cristianismo en la ciudad. Como se mencionó, Lidia —una mujer negociante— es la primera conversa. Otras mujeres que estaban junto al río escucharon la palabra, aunque no se sabe si se convirtieron. El rol de las mujeres en la iglesia de Filipos se confirma en Filipenses 4.2, cuando Pablo se refiere a dos de ellas, Evodia y Síntique, como líderes que trabajaron junto a él en la extensión del evangelio. Además, se sabe que en Macedonia las mujeres, especialmente si eran prominentes o nobles, asumían varias funciones en la vida pública.

Los detalles que da el libro de Hechos apoyan lo antes mencionado: que en la ciudad de Filipos había pocos judíos. Se puede decir que la iglesia que se funda en Filipos era predominantemente gentil (Hch 17.4). Los nuevos convertidos tenían pues una orientación cultural grecorromana o helenista.

La composición socioeconómica de la iglesia parece haber sido variada. Lidia debió ser una mujer de buena posición económica, ya que era vendedora de púrpura, un tinte de alto costo. Además de esto, sabemos que la iglesia de Filipos y las otras iglesias de Macedonia eran generosas en el dar o suplir las necesidades de Pablo (Flp 4.15-18; 1 Co 11.9), así como de otras iglesias (2 Co 8-9). Sin embargo en 2 Corintios se habla de la pobreza de las iglesias de Macedonia en relación con su generosidad al dar. Esto sugiere que en la iglesia de Filipos o en las iglesias de Macedonia la composición socioeconómica de sus miembros era mixta, pero esta variedad posiblemente no parece afectar las relaciones sociales entre los creyentes, como es el caso entre los corintios (véase 1 Corintios).

La carta

La carta a los filipenses nos presenta la relación cercana de Pablo con la iglesia de Filipos con una nota característica de gozo, amistad, y amor. Hay un trato gentil en el tono de la carta que refleja esa relación especial. La epístola tiene características comunes en las cartas entre amigos en los tiempos de Pablo. Además, tiene elementos de carta de recomendación, especialmente en el capítulo 2, cuando se habla del envío de Timoteo y Epafrodito. Pablo escribe desde la prisión (1.7, 12-18), ya que se le ha encarcelado, y por lo que dice en la carta, probablemente con cargos de pena capital. No se puede determinar con exactitud dónde estaba encarcelado Pablo, pero muy posiblemente fue en Roma (Hch 28.30); y probablemente ocurrió entre el 60-61 d. C. Se hace referencia en la carta a «los de la casa de César» (4.22) y al «pretorio» (1.13). El pretorio se refiere al lugar donde residía la autoridad romana o a la guardia pretoriana (probablemente habla de esta última). Estas referencias nos sugieren a Roma como el lugar de prisión. En cuanto al encarcelamiento, había diferentes tipos, incluso el quedar en una casa bajo custodia —parecido a lo que conocemos hoy en día como arresto domiciliario. Si este encarcelamiento se refiere al de Roma, como se ha sugerido, concuerda con el libro de Hechos que nos dice que a Pablo se le permitió vivir en una casa con custodia militar y estuvo allí dos años (Hch 28.16, 30).

La ocasión de la carta es el regreso a Filipos de Epafrodito (2.25, 28), quien había sido enviado por los filipenses para cuidar a Pablo. Luego de pasar por una enfermedad seria, el apóstol envía a Epafrodito de regreso a Filipos. Además, planea enviar a Timoteo a visitarles para poder tener noticias de la iglesia (2.19). Timoteo está con Pablo cuando escribe la carta (1.1). Pablo quiere agradecerles el cuidado y la ayuda financiera que le han dado (4.10-19). Desea informarles sobre su situación personal de encarcelamiento para calmar la ansiedad de los filipenses (1.12-26). Quiere además motivarles y afirmarles haciéndoles entender que Dios va a perfeccionar y completar la obra que ha comenzado en sus vidas (1.6), y exhortarles a vivir en unidad como es digno del evangelio (1.27-28). Pablo aprovecha el envío de esta carta para tratar unas situaciones que entiende pueden afectar a los filipenses: cierta oposición que amenaza a la iglesia (1.27-30; 3.2, 18-20) y la preocupación que tiene Pablo por la armonía entre los filipenses (2.1-4; 3:15-16; 4.2).

Se puede decir que Filipenses es la carta más íntima o personal que tenemos de Pablo. Cuando Pablo escribe a esta iglesia ha sido cristiano por lo menos unos 25 años y ha ejercido sus actividades misioneras y su apostolado durante unas dos décadas. Pablo ha tenido una relación larga y cercana con la iglesia de Filipos. Esta iglesia frecuentemente dio apoyo financiero a las actividades misioneras del apóstol; más aún, tenía cuidado y preocupación por la persona de Pablo. Esta relación con esta iglesia y el cuidado y servicio brindado llevan a Pablo a informarles sobre sus asuntos y situaciones (1.12), y a abrir su corazón a los filipenses. Habla en primera persona más de cincuenta veces y refleja claramente su amor y añoranza por una iglesia que significó mucho para él.

Bosquejo

Al bosquejar esta y cada una de las cartas se pueden seguir las tres divisiones principales de las cartas en los tiempos de Pablo: introducción o apertura, cuerpo y cierre o despedida. El bosquejo de cada carta presentado aquí se sigue después al desarrollar el estudio de la misma.

I. Introducción o apertura (1.1-11)
- A. Saludos (1.1-2)
- B. Acción de gracias y oración (1.3-11)

II. Cuerpo de la carta (1.12-4.20)
- A. Encarcelamiento de Pablo y avance del evangelio (1.12-18)
- B. Confianza y dilema de Pablo (1.19-26)
- C. Exhortación a combatir por el evangelio y a estar unánimes (1.27-2.18)
  1. Llamado a conducirse dignamente (1.27-30)
  2. Cristo: modelo por excelencia (2.1-18)
- D. Planes de enviar a Timoteo y a Epafrodito (2.19-30)
- E. Advertencia en contra del legalismo y a estar enfocados en la meta (3.1-4.1)
- F. Exhortación a Evodia y Síntique y otras exhortaciones generales (4.2-9)
- G. Agradecimiento de Pablo a los filipenses (4.10-20)

III. Cierre o despedida (4.21-23)

I. Introducción o apertura (1.1-11)

A. Saludos (1.1-2)

La apertura de esta carta sigue el patrón característico de las cartas grecorromanas antiguas y de otras cartas paulinas al comenzar con la fórmula «A a B»: «Pablo y Timoteo» (A) a «todos los santos en Cristo Jesús que están en Filipos, con los obispos y diáconos» (B) (1.1). La inclusión de Timoteo en el saludo no implica que él ayudó a dictar la carta. Puede ser una forma de cortesía, especialmente porque posiblemente Pablo proyecta enviar la carta con Timoteo. Además, Timoteo había estado con Pablo cuando se estableció la iglesia de Filipos (Hch 16.1). Pablo se identifica a sí mismo y a Timoteo como «siervos», mientras que en otras cartas se presenta como «apóstol» (1 y 2 de Corintios, Gálatas, Efesios, Colosenses). La buena relación cercana con los filipenses, que conocen bien su ministerio y autoridad apostólica, no requiere de una identificación de apóstol. Pero a su vez el uso de la palabra «siervo» puede estar ligado a las exhortaciones que en el contenido de la carta Pablo hace a los filipenses. Pablo usa el término «siervo» (2.7) para referirse a Cristo en su entrega y humillación, cuando llama a los filipenses a imitar a Cristo, a ser humildes y a estimar a los demás como superiores (2. 3). Más adelante Pablo se presenta a sí mismo como ejemplo cuando les exhorta a imitarle a él (4.9). El trasfondo hebreo de Pablo pudiera ser otra de las razones para el uso del término «siervo», ya que en el Antiguo Testamento a los líderes israelitas se les llamaba «siervos», especialmente a los profetas.

La mención de «obispos y diáconos» (1.1) en el saludo es singular de esta carta. La palabra traducida por obispo significa «supervisor», y la palabra para diácono significa «uno que sirve». Esta mención pudiera deberse a que los obispos y diáconos motivaran u organizaran la ayuda enviada a Pablo, o simplemente a que Pablo quiso saludar a quienes estaban cuidando y sirviendo a la iglesia —o a alguna otra razón que no se puede determinar. Lo que no debemos tomar por seguro es que el uso de estas palabras implique jerarquía, oficialidad, o la connotación de orden eclesiástico que más tarde la iglesia les da a estas palabras. Pablo usa estos términos al referirse a sí mismo y a sus colaboradores para describir el tipo de labor que realizan los líderes cristianos (1 Co 3.5; 2 Co 3.6; Ro 16.1; 1 Ts 3.2; Col 1.7).

El saludo finaliza deseándoles «gracia y paz» (1.2), una forma típica de Pablo. El saludo tradicional griego era «saludos» (cairein). Pablo lo sustituye por «gracia» (caris), y añade «paz», que es la palabra usada tradicionalmente por los judíos para saludar (en hebreo shalom). Para Pablo esta gracia y paz provienen de Dios y del Señor Jesucristo. Esto es el elemento distintivo de Pablo, a diferencia del saludo normal griego.

B. Acción de gracias y oración (1.3-11)

Luego del saludo, la carta continúa con una acción de gracias y oración por los filipenses (1.3-11). Esto se llama en la retórica de la época un exordium o introducción, y tiene como propósito aludir a los temas que van a tratarse. Encontramos seis temas principales en la introducción. Estos temas son recurrentes en el resto de la carta, ya sea con los mismos o con diferentes términos, como podemos ver en los versículos citados abajo y como veremos en el estudio del cuerpo de la carta (las negritas indican los versículos en la introducción de la carta).

1. La comunión y participación en el evangelio y en el ministerio (1.5, 7; 2.2, 20; 3.10; 4.14-15)

El tema de la comunión y participación, principalmente en cuanto al dar de los filipenses, lo vemos en la introducción cuando Pablo da gracias a Dios por la «comunión» (1.5) de los filipenses en el evangelio. La palabra griega para comunión es *koinonia* que quiere decir «tener algo en común» o «tener comunión». Denota la comunión en las relaciones de las personas, pero significa también «compartir con»; quiere decir «tener y compartir algo en común», incluyendo el compartir financieramente. Pablo debe estar usando la palabra koinonia principalmente en este último sentido, ya que en 4.15-16 habla de que los filipenses le ayudaron financieramente desde el principio de la predicación, y en el 1.5 da gracias por la comunión de los filipenses desde el «primer día hasta ahora» (1.5). Esto lo confirma el v. 7 cuando dice que en la defensa y confirmación del evangelio los filipenses han sido «participantes» (sunkoinonos) (1.7) con él de la gracia. El término sunkoinonos significa copartícipe y se usaba frecuentemente en el lenguaje comercial para referirse a compartir financieramente como socios. Este pensamiento lo encontramos más adelante cuando Pablo habla de la ayuda financiera que le habían enviado (4.10-18) y dice que hicieron bien en «participar» (sunkoinoneo) con él en su tribulación (4.14). También menciona que al principio de la predicación del evangelio sólo la iglesia de los filipenses «participó» (koinoneo) con él «en razón de dar y recibir» (4.15). En 2 Corintios 8.4 Pablo habla de cómo las iglesias de Macedonia le pidieron «participar» (8.4) (literalmente, tener koinonia en el ministerio) en la colección de una ofrenda para otras iglesias necesitadas. Se ve allí nuevamente el uso de la palabra «participar» en relación al dar.

2. El gozo en la vida cristiana (1.4, 18, 25; 2.2, 17, 18, 28, 29; 3.1; 4.1, 10; 4.4)

Este tema está presente a través de la carta. Desde el inicio (1.4) Pablo establece el tono de gozo al dar gracias por los filipenses. Este tono se mantiene en toda la carta, como se puede ver en los versículos citados arriba. Para Pablo el gozo en la vida cristiana se fundamenta en Cristo. Este gozo se deriva a su vez de la relación cercana entre Pablo y sus destinatarios. En el concepto antiguo de la amistad, se esperaba que los amigos y amigas compartieran gozo. Esta carta muestra el interés particular de Pablo en el gozo mutuo.

3. El propósito de Dios de completar y perfeccionar la obra iniciada en las personas creyentes (1.6, 9-11; 2.12-16; 3.10-14, 20-21)

Pablo introduce la temática de que Dios se propone completar y perfeccionar la obra que inició en los filipenses (1.6) cambiando el punto de atención, que pasa de lo que los filipenses han hecho (1.5) a lo que Dios ha hecho y va a hacer (1.6). Aunque Pablo reconoce el trabajo de sus destinatarios, éste queda subordinado a la obra de Dios en sus vidas.

4. Las prisiones, el padecer por la defensa del evangelio (1.7; 1.12-14, 16-17, 27-29; 2.17, 30)

El tema de padecer por el evangelio se encuentra ejemplificado en el modelo máximo de Cristo (2.6-7). Lo vemos también en Pablo y sus prisiones (1.7), en la advertencia hecha a los filipenses de sufrir por Cristo (1.29), y en el ejemplo de Epafrodito, quien estuvo enfermo y a punto de morir por servir a Pablo (2.27). Más adelante volveremos sobre este tema.

5. El afecto mutuo, amor y añoranza (1.8-9, 17; 2.1-2, 12; 3.7, 4.1)

En cuanto al tema del amor y afecto, como se mencionó anteriormente, esta carta tiene elementos afines con las cartas de amistad de entonces. Esto se observa en la introducción, en el resto del capítulo primero, y a través de toda la carta. En la introducción se puede ver a un Pablo que expresa abiertamente su añoranza y amor por los filipenses (1.7-8). Les tiene en su corazón (1.7) y pone a Dios mismo como testigo de su amor (1.8). Era característico en las cartas de amistad mencionar la añoranza por la persona a quien se escribía. El concepto ideal de la amistad en el mundo antiguo se basaba en el amor y afecto mutuos. Las expresiones que usa Pablo denotan la profundidad de sus sentimientos y el tipo de relación de amistad que tiene con esta iglesia. Es ésta la carta que refleja a un Pablo más sentimental y emotivo, y donde más abre su corazón a sus destinatarios. Pero para Pablo este afecto y amor cristiano deben ir más allá de los meros sentimientos. Él ora para que el amor abunde en conocimiento y comprensión, para que puedan aprobar lo mejor a fin de ser «sinceros e irreprochables para el día de Cristo» (1.9-11). Pablo entiende que el amor sin conocimiento puede llevar a ser indulgentes, a no saber distinguir lo que es mejor o superior en el sentido moral. Cuando hay amor con conocimiento y comprensión se toman decisiones morales correctas. Pablo está hablando de un amor práctico, no de un amor ciego. Esta clase de amor ulteriormente lleva a la persona a ser sincera e irreprochable y a tener frutos de justicia que se derivan de esa relación justa que se tiene al estar en Cristo. *⟶ resultado del amor + conocimiento*

cualidades de el amor con conocimiento

6. El llamado a permanecer en un mismo sentir y unidad (1.7; 1.27; 2.1-2, 5; 3.15-16; 4.2)

El tema de tener un mismo sentir y unidad no está explícito en la introducción, pero el uso frecuente de la frase «todos vosotros» (1.1, 4, 7, 8) apunta hacia el llamado a la unidad o armonía entre los filipenses —tema que aparece en toda la carta. Este tema se ve repetidamente en Filipenses, cuando Pablo llama a tener un «mismo sentir», tanto a la iglesia (1.27; 2.1-5; 3:15-16) como a Evodia y a Síntique (4.2).

Los temas que Pablo presenta en esta introducción dejan ver que las personas creyentes son parte de una comunidad y deben tener unidad, y por tanto deben identificarse y comprometerse con esta comunidad de fe. Este compromiso debe basarse en la obra que Dios ya comenzó y que se propone completar. Desde el inicio de su carta Pablo modela lo que es ser siervo y la actitud a tener cuando se enfrentan dificultades, ya sea por causa del evangelio o porque la vida misma nos confronta con diferentes circunstancias. El tono de gozo, confianza, y amor de Pablo debe ser imitado en la relación con Dios y con las demás personas, entendiendo que esto es posible por la transformación interna que hace el evangelio en el ser humano. ✓

La unidad como tema principal

II. Cuerpo de la carta (1.12-4.20)

A. *Encarcelamiento de Pablo y avance del evangelio (1.12-18)*

En esta sección Pablo habla de sí mismo al informarles a los filipenses de las cosas que le han sucedido, algo que no es común en sus escritos al iniciar el cuerpo de la carta. Sin embargo inmediatamente este informe de su situación personal le lleva a hablar del evangelio (1.12-18). El primer punto que menciona, en un pensamiento paradójico, es que su encarcelamiento (algo negativo) ha ayudado al avance del evangelio (resultado positivo). ¿Cómo ha ocurrido esto? Primero, «en todo el pretorio y entre todos los demás» (1.13) se conoce que él está preso por causa de Cristo. Aquí la palabra «pretorio» se debe referir, no al lugar donde estaba la guardia, sino al grupo de personas que componían esta guardia pretoriana, ya que Pablo menciona también a «todos los demás», refiriéndose a personas. Lo importante es que quienes son responsables de mantener encarcelado a Pablo han escuchado el evangelio. No sabemos cuántas personas se convirtieron, pero sí que el conocimiento del evangelio ha progresado aun entre los carceleros.

El segundo punto que menciona cuando habla del evangelio es que ante su encarcelamiento «la mayoría de los hermanos» (1.14) han cobrado ánimo, atrevimiento y denuedo para hablar la palabra. Se asume que el denuedo y confianza de Pablo en medio de su encarcelamiento ha servido de modelo y motivación a otras personas para continuar predicando el evangelio. La fuente que ha animado a predicar el evangelio es «el Señor» (1.14). Nuevamente se ve otro pensamiento paradójico cuando Pablo habla de algunos que predican a Cristo «por envidia y rivalidad» (1.15) (algo negativo), pero menciona que de todas formas el evangelio es predicado (1.18) (resultado positivo). No se puede saber con exactitud quiénes eran estas personas, pero sí que estaban predicando el evangelio correcto con motivaciones incorrectas. Los rabinos o maestros judíos decían que era preferible servir a Dios aunque se tuviese malas motivaciones, que no servirle. Posiblemente lo que producía en estas personas envidia y rivalidad era el alcance del ministerio de Pablo. Como dijimos, no se puede saber con precisión quiénes son estas personas, pero sí que han aprovechado las prisiones de Pablo para añadirle más aflicciones al apóstol. Sin embargo él no permite que tales intenciones le dañen. En lugar de tomarlo como ataque personal, como debió haber sido la intención de este grupo, Pablo ve el lado positivo de este asunto en el hecho de que Cristo está siendo anunciado.

En contraposición al grupo que predica «por envidia y rivalidad», hay otras personas que sí están predicando de buena voluntad (1.15) y por amor (1.17). Debido a que Pablo no puede presentar el evangelio como lo hacía antes de estar privado de su libertad, estas personas sí lo hacen. Tienen las motivaciones correctas, ya que lo hacen en verdad, con sinceridad, por amor, y de buena voluntad. Se observa aquí a un Pablo que no permite que la rivalidad o circunstancias negativas le desvíen de su meta y cambien su actitud de gozo (1.18). Su gozo está en que mientras él está preso el evangelio es predicado, sea por rivalidad o por amor.

Esto hace pensar en primer lugar que las situaciones negativas pueden tener resultados positivos. La idea de que Dios hace que todas las cosas ayuden para bien a quienes le aman (Ro 8.28) no era para Pablo sólo un bonito pensamiento que les comunicó a los romanos. Era una realidad en su vida y ministerio, como se puede ver en Filipenses. Lo segundo sería que se debe imitar la actitud de Pablo de ir más allá de lo que nos pueda afectar en el sentido personal, e ir a lo que ulteriormente resulte en beneficio del evangelio. El tercer punto que se puede considerar es que Pablo estaba consciente de que el poder de la palabra de Dios es lo que hace que el evangelio llegue a quienes no lo conocen, sin importar demasiado el instrumento o persona usada por Dios. Dios puede hacer que alguien se convierta usando aun a personas que tienen motivaciones erradas. Y por último hay que examinarse internamente y preguntarse cuáles son las motivaciones de lo que se hace en el evangelio.

En esta sección se ha visto cómo Pablo está calmando la ansiedad de los filipenses en cuanto a él, y a la vez les ofrece un modelo de cómo conducirse ante situaciones y adversidades como las suyas, que ellos también confrontarían o estaban ya confrontando (1.29-30). Cuando más adelante les llame a comportarse «como es digno del evangelio» (1.27) ya tienen claro a qué se refiere, pues él mismo con su conducta les ha modelado cómo conducirse. Parte de este modelaje incluye el estar gozoso independientemente de las circunstancias. Hasta ahora se ve a un Pablo que ora con gozo por sus destinatarios (1.6) y que se goza porque el evangelio sigue siendo predicado aunque él está en prisión. Esta nota de gozo va unida a un sentido de confianza que domina también el tono de la carta, como veremos a continuación.

B. Confianza y dilema de Pablo (1.19-26)

La confianza de Pablo en Dios se ve cuando se goza porque las oraciones de los filipenses y la obra del Espíritu traerían como resultado su «liberación» (1.18). Pablo entiende que su confianza y perseverancia en medio de su situación dependen de ambas cosas. Ahora bien, ¿a qué «liberación» se está refiriendo Pablo? Para poder entender a qué se refiere hay que considerar varios puntos.

Lo primero es que Pablo alude (1.18) al libro de Job cuando Job habla con confianza de que Dios será su «salvación» (Job 13.16); esto aun bajo las circunstancias negativas por las que está atravesando. Es importante tomar en cuenta el contexto de este versículo en Job 13.13-19, donde Job demuestra confianza en su vindicación en la presencia de Dios o en la corte o juicio en los cielos. Job asegura que aunque muriese, él esperaría en Dios (v. 15). Luego es que declara que Dios mismo será su salvación, seguido de la razón para esto: «porque el impío no podrá entrar en su presencia» (v.16). Se ve en el contexto un tono de confianza, ya fuera que finalmente estuviese en la presencia de Dios o que viviera. A su vez esta confianza se ve cuando luego dice que él sabe que si expone su causa será justificado (v.18). En Filipenses el término griego que se traduce como «liberación» es «soteria» (1.18) que significa «salvación». En las otras cartas paulinas cuando se utiliza esta palabra griega se traduce como «salvación». Es decir, aquí también la palabra usada, al igual que en Job, es salvación. Pablo no está hablando de salvación de pecados sino, como Job, de salvación de una situación particular. Se puede decir que Pablo no está confiado en un juicio en una corte terrenal. Su confianza está en que Dios ha de obrar ya sea que él muera o que viva, físicamente hablando (1.20).

El segundo punto a considerar es que Pablo quiere honrar a Dios y glorificar a Cristo ante lo que se avecina en su vida. Confía en que «ahora también será magnificado Cristo» (1.21) en su cuerpo sea que muera o que viva. Algunas personas han sugerido que en Filipenses Pablo está considerando la posibilidad del suicidio, ya que esta idea estaba presente en los conceptos filosóficos de entonces sobre la muerte. Pero nuevamente el contexto de Job y la formación judía nos ayudan a entender a Pablo. Job dice que él no tomaría su vida en sus manos (13.14). Cuando Pablo habla de este «magnificar» a Cristo en su cuerpo se refiere a que independientemente de lo que pase Cristo ha de ser glorificado.

Para Pablo, Cristo es glorificado no sólo por la forma en que se vive, sino también por la forma en que se muere.

En tercer lugar, se puede decir que Pablo está en una disyuntiva ante un futuro incierto, pero esto no le quita la confianza en Dios, sin importar lo que pueda sucederle a él.

Por un lado el v. 20 indica claramente que Pablo está consciente de que puede vivir o morir. Pero más adelante volvemos a encontrar la idea clara de que Pablo espera quedar y volver a ver a los filipenses (1.25).

En cuarto lugar, la disyuntiva que Pablo experimenta arroja una verdad muy interna en Pablo, para él «el vivir es Cristo» (1.21). Pablo estaba muy conciente de su relación y unión con Cristo. En Gálatas el apóstol expresa la misma idea cuando dice: « ...y ya no vivo yo, mas vive Cristo en mí; y lo que ahora vivo en la carne, lo vivo en la fe del Hijo de Dios» (Gl 2.20). En su apostolado se describe a sí mismo como quien lleva «en el cuerpo la muerte de Jesús, para que la vida de Jesús se manifieste» (2 Co 4.10-11).

El quinto punto a considerar es que la muerte para Pablo no es una tragedia; al contrario, es ganancia (1.21). Pablo vive en y para Cristo. Si muere, lo considera ganancia, ya que esto implica el estar en la presencia de Dios (2 Co 5.6-7). Pablo estaba internamente preparado para la muerte. De hecho había estado en peligro de muerte en muchas ocasiones. Ahora él mismo expresa que tiene deseos de estar con Cristo (1.22). Esto es lo mejor para él. Muchos escritores griegos creían que la muerte era ganancia en el sentido de que les libraba de los sufrimientos. El entendimiento griego de que la muerte es ganancia tiene su paralelo en Pablo; pero no así la razón por la cual la considera ganancia. La muerte representa para Pablo no escapar de los sufrimientos, sino disfrutar de la presencia de Cristo. Esto denota una relación íntima con el Señor. En contraste con los pensadores griegos, la muerte para Pablo es una experiencia de felicidad, por poder disfrutar de la presencia divina. Esto va mucho más allá del querer escapar de cualquier experiencia terrenal.

El último y sexto punto a tratar es que la principal razón que lleva a Pablo a pensar que quedaría —es decir, que seguiría viviendo— es el beneficio de la obra misma (1.22), ya que entiende que «quedar en la carne» (1.24) es más necesario para los filipenses. Se ve aquí la pasión y compromiso de Pablo por la obra y por la iglesia del Señor. Ambas cosas, el estar con Cristo y el quedar para el beneficio de la iglesia, hacen que Pablo se encuentre en un dilema, como luchando entre estos dos deseos (1.23). Pero el factor decisivo no es su preferencia personal, sino el avance del evangelio, lo que es característico en Pablo. Sin embargo finalmente la decisión en medio del dilema no sería de Pablo, sino que quedaría en las manos de Dios.

Esta sección finaliza trayendo nuevamente la idea de lo beneficioso de quedar. En este caso, si Pablo vive y queda, los filipenses tendrán provecho y gozo (1.25). Además, abundará la gloria de los filipenses con respecto a Pablo por estar entre ellos (1.26). La Versión Reina Valera Actualizada clarifica más el v. 26 cuando dice: « ...para que en mí haya motivo de aumentar vuestro orgullo en Cristo Jesús a causa de mi presencia otra vez entre vosotros» (1.26, RVA). El que Pablo pueda volver a estar con los filipenses haría que se sintiesen «orgullosos» en Cristo Jesús.

Se desprende de Pablo una actitud de entrega y confianza en Dios que se debe imitar. Esta confianza va más allá de la vida o la muerte. El evangelio no ofrece un escape o salida para todas las circunstancias difíciles que se puedan confrontar en la vida, pero sí brinda una seguridad de que Cristo está presente. Aprendemos de Pablo que el gozo y la confianza en tiempos difíciles, y en todo tiempo en la vida cristiana, son algo que realmente se puede alcanzar. Todo depende de con qué actitud se enfrentan las diferentes circunstancias y de mantenerse viviendo en Cristo.

C. Exhortación a combatir por el evangelio y a estar unánimes (1.27-2.18)

1. Llamado a conducirse dignamente (1.27-30)

Filipenses 1.27-2.14 contiene una serie de exhortaciones. En particular, los vv. 1.27-30 se pueden considerar la proposición o tesis principal que Pablo les presenta a sus destinatarios. Quiere persuadirles para que tomen cierto curso de acción. Pablo tiene propósito al escribir, así como inspiración divina. El tipo de escrito que Pablo desarrolla es pues un discurso deliberativo, donde se procura convencer a la audiencia con respecto a alguna acción a tomar o a seguir que a la larga será beneficial para ella. Les llama a comportarse como es digno del evangelio, lo cual implica estar firmes en un mismo espíritu, combatir unánimes por el evangelio, y no dejarse intimidar por quienes se oponen al evangelio. Además les crea conciencia de que creer en Cristo implica también padecer, presentándose él mismo como ejemplo de alguien que ha padecido por Cristo.

Cuando Pablo les exhorta a comportarse como es digno del evangelio (1.27), lo que dice en griego significa «vivir como un ciudadano». Pablo apela al sentido de ciudadanía romana de los filipenses para traerles una verdad espiritual. Encontraremos nuevamente esta misma apelación a la ciudadanía romana en el capítulo 3, cuando habla de la ciudadanía celestial (3.20). Tener ciudadanía romana era un privilegio e implicaba muchos derechos y obligaciones. Pablo mismo era ciudadano romano de nacimiento y conocía muy bien sus privilegios. Esto lo vemos en Hechos 22.22-29, cuando es arrestado en Jerusalén con acusaciones de perturbar la paz y a punto de ser azotado reclama que es ciudadano romano. El trato de los soldados y del tribuno hacia Pablo cambia inmediatamente, pues tuvieron temor por haberle atado. Los filipenses conocían los derechos, privilegios y responsabilidades implicadas en el tener esta ciudadanía romana. Entendían de qué Pablo estaba hablándoles. De igual forma que un ciudadano romano debería cumplir con sus responsabilidades, las personas en la iglesia de Filipos deberían vivir apropiadamente y con responsabilidad la vida cristiana. El apóstol quiere que los filipenses mantengan un carácter y conducta cristiana digna, sea que él esté presente entre ellos o no. Esta conducta se debe reflejar en la iglesia como comunidad de fe.

El comportarse dignamente conlleva estar «firmes en un mismo espíritu, combatiendo unánimes por la fe del evangelio» (1.27). Pablo les exhorta a estar y actuar en unidad. La mayoría de las traducciones en español dicen «un mismo espíritu», pero en el griego encontramos dos ideas; se refiere a un mismo espíritu (pneuma) y una misma mente o ánimo (psuche). La idea de tener una misma «psuche» es paralela a la idea griega de que los amigos deben tener una misma mente o ánimo, o que piensan de una misma forma, y que un amigo es alguien como la persona misma. Pero Pablo utiliza un elemento diferente al concepto antiguo de la amistad para expresar la misma idea: se refiere a estar en un mismo (pneuma), lo cual no tiene paralelismo con las ideas griegas. El tener una misma mente y estar en un mismo espíritu realmente habla de actitud. Para Pablo el poder actuar y vivir en unidad está fundamentado en el ser uno en Cristo. La persona cristiana es parte de esa comunidad cristiana donde se fortalece y crece en la fe, y debe procurar la unidad.

El ser parte de esta comunidad de fe implica tener que combatir en unanimidad por la fe del evangelio (1.27). La expresión «combatiendo unánimes» (1.27) sugiere que Pablo está hablando metafóricamente sobre los juegos atléticos griegos y aplicándolo a la conducta moral. Se usaban estos términos para referirse a los gladiadores que luchaban en la arena, uno al lado del otro, defendiendo sus vidas contra otros gladiadores. Era común entre los griegos utilizar esta imagen metafórica para moralizar sobre la conducta humana. Pablo usa esta imagen en el contexto de conducirse dignamente cuando llama a los filipenses a luchar por la fe del evangelio. Aquí el «combatir» va ligado al aspecto moral, pero el fin es el evangelio, no la exaltación o logros morales de la persona misma, como lo consideraban los griegos. La idea de luchar o combatir continúa al exhortarles a no dejarse intimidar por «los que se oponen» (1.28). No se puede determinar de quiénes en específico Pablo está hablando. Posiblemente se refiere a los judaizantes de los que habla en el capítulo 3 (3.2), o a otros opositores. Lo importante es que estos enemigos son reales y que los filipenses no deben dejarse intimidar. Al contrario, en el contexto les exhorta a conducirse como es propio y a luchar por la fe del evangelio. Cuando los filipenses viven el evangelio apropiadamente, esto funciona como señal y advertencia a los opositores de su propia perdición, y para los filipenses de su salvación.

El v. 29 habla del padecer por Cristo, tanto de los filipenses como de Pablo mismo. Este padecer por Cristo no es algo potencial, sino que los Filipenses están experimentado el mismo tipo de conflicto que Pablo ha pasado y está pasando cuando les escribe. En el concepto antiguo de la amistad, como en el presente, se esperaba que los amigos y amigas compartieran no sólo el gozo mutuo, sino también las penas y tristezas. La carta a los filipenses contiene lenguaje e ideas sobre la amistad y también la idea del padecer o sufrir por el evangelio. No ha de sorprendernos que Pablo utilice lenguaje que habla de sufrimiento para describir su vida y su servicio a Dios, así como los de los filipenses. El padecer por el evangelio está presente en esta carta desde el primer capítulo, donde dice que está escribiendo desde la cárcel (1.7, 13-14) y cercano a morir. Además los oponentes son parte de su aflicción (1.16, 28). Es en este contexto que Pablo presenta el padecer por Cristo como un privilegio cuando les dice a los filipenses que se les ha «concedido» (1.29) no sólo que crean en Cristo, sino también que padezcan por él. Paradójicamente el sufrir por Cristo es un honor.

Los filipenses comparten los mismos conflictos que tiene Pablo. El apóstol vuelve a usar la metáfora de los juegos atléticos al referirse al «conflicto» (1.30) que hay en él, y que es el mismo que tienen los filipenses. Al usar esta metáfora Pablo subraya que ser personas creyentes implica esfuerzo, disciplina y confrontar oposición. Era en los juegos romanos donde los atletas demostraban sus virtudes y carácter. Pablo entiende que el conflicto estaba frente a él y a los filipenses y deberían combatir o luchar por la causa del evangelio, demostrando así el carácter cristiano.

Como se mencionó al inicio de esta sección, los vv. 1.27-30 comprenden lo que corresponde a la proposición o tesis principal del discurso paulino en esta carta. Se puede decir que Pablo procura convencer a los filipenses a seguir las normas que el evangelio establece para vivir y conducirse dignamente en la vida cristiana, siendo esto de beneficio para los filipenses y para el evangelio.

2. Cristo: modelo por excelencia (2.1-18)

En los versículos que siguen (2.1-18) el apóstol sigue exhortando a los filipenses a vivir como es digno del evangelio. Inicia esta sección con la frase «por tanto» (2.1). Estas palabras unen lo que se ha dicho anteriormente (la tesis) con la argumentación que sigue. El propósito de la argumentación en la retórica griega era probar o dar razones por las cuales los oyentes deberían tomar el curso de acción presentado en la tesis o proposición. En los vv. 2.1-18, primero encontramos que el apóstol exhorta nuevamente a los filipenses a estar unánimes, a tener un mismo sentir y actitudes apropiadas (2.1-2). Lo segundo es que les da ejemplos específicos de cómo conducirse como comunidad de fe (2.3-4). A esto le sigue, en tercer lugar, el ejemplo por excelencia de Cristo (2.5-11). Finaliza esta sección nuevamente con exhortaciones sobre cómo conducirse en la vida cristiana (2. 12-18). Veamos cada uno de estos puntos más detalladamente.

Los vv. 2.1-2 dejan ver que tener una actitud mental correcta es provechoso para la persona misma y para la vida de la iglesia (2.2). Además, claramente establecen que para la persona creyente la base o fuente de consuelo, amor, afecto, comunión, y misericordia es Cristo. Lo que hay en el interior de la persona debe conducirle a acciones propias de quien vive en Cristo y procura la armonía en la comunidad de creyentes. La experiencia individual beneficia la vida comunal de iglesia.

Pablo apela a la relación cercana entre él y los filipenses al pedirles que completen su gozo «sintiendo lo mismo» (phroneo). Phroneo significa pensar de cierta o la misma forma en cuanto a algo, y es una idea que se repite mucho en esta carta. La idea de «completad mi gozo» (2.2) sugiere que falta todavía algo, y que los filipenses son una pieza clave en este completar el gozo, como lo habían sido antes. El que las personas de la iglesia de Filipos estuvieran y vivieran en unanimidad y en amor haría que su amado apóstol continuara estando gozoso aun en medio de sus prisiones.

Pablo usa diferentes palabras para expresar la unidad y armonía entre los filipenses: sentir lo mismo, tener un mismo amor, estar unánimes, y nuevamente encontramos la idea de tener un mismo sentir (2.2). Todos estos términos evocan el concepto de la amistad en el mundo antiguo, que los amigos deben tener una misma alma o mente. Pero la gran diferencia es que en Pablo la amistad está fundamentada en Cristo y en la comunión del Espíritu. En el contexto en que Pablo habla, el tener un mismo sentir requiere afecto, comunión, misericordia y humildad. Ahora bien, el sentir lo mismo y estar en unanimidad no es lo mismo que uniformidad. La iglesia está compuesta de personas con diferentes personalidades, experiencias y estilos de vida. La unanimidad implica tener un mismo sentir en Cristo, aunque seamos diferentes a otras personas creyentes. Esto puede ser posible ya que según el v. 2.1 todo se origina en Cristo, incluso la «comunión del Espíritu», que es fundamental para la unidad. No implica esto que la persona creyente no tenga que hacer su parte, como veremos a continuación.

Luego de describir la actitud correcta de unanimidad y de un mismo sentir, Pablo pasa a dar ejemplos específicos de conducta que se pueden ver externamente (2.3-4). La humildad, no la rivalidad o vanidad, debe ser la fuerza motriz que motive a una persona. El concepto judío de humildad predomina: la humildad es la actitud correcta ante Dios y hacia Dios (Pr 3.34; Sal 136.6), así como hacia las demás personas. Los moralistas griegos no consideraban la humildad como una virtud. En Filipenses, los principios sobre la humildad y sobre la conducta cristiana en cuanto a qué es honroso o digno son muy contrarios a lo que era considerado como honorable y de estatus en el mundo antiguo. La persona humilde sabe estimar a las demás personas como superiores a sí misma y procurar el provecho o beneficio de las otras personas en vez del propio. Estas son actitudes y acciones propias de quien está en Cristo. Es bueno aclarar que Pablo no hace un llamado a no tener atención a lo individual o personal, sino a que los intereses personales queden subordinados al provecho y beneficio de la comunidad de creyentes. Estos ejemplos de conducta cristiana reflejan lo que ocurre cuando hay humildad: ésta lleva a la unanimidad. A su vez, confirman la idea de que la experiencia en Cristo, interna e individual, va a ser reflejada o expuesta en las relaciones con las demás personas. Lo que somos internamente y la actitud mental conduce a lo que hacemos y somos en la iglesia. Además, estos ejemplos de cómo vivir en humildad nos indican que la unidad y unanimidad en la iglesia dependen de la disposición de cada persona.

Es por eso que Pablo pasa a exhortarles a tener el mismo sentir que tuvo Cristo, y presenta a Cristo como el modelo de humildad por excelencia que se debe imitar (2.5-11). El apóstol usa la retórica de ejemplificación para guiar a los filipenses a entender el significado de padecer por Cristo y de cómo conducirse en la vida cristiana. La ejemplificación se usaba en la retórica antigua para comparar o contrastar situaciones, personas o lugares con el propósito de enfatizar o ampliar el argumento que se estaba presentando. Esto aclaraba y vivificaba a la argumentación. En Filipenses, Pablo usa la ejemplificación varias veces, en ocasiones incluyéndose a sí mismo, a Timoteo y a Epafrodito (como veremos en otras secciones más adelante). Pero es Cristo el modelo o ejemplo principal en su escrito. Esto le da fuerza a su llamado a la unidad. Se propone motivar a sus destinatarios a imitar a Cristo y su actitud de humildad.

Los vv. 2.6-11 contienen lo que se conoce como uno de los primeros himnos cristianos, ya que tiene el estilo litúrgico de un himno. Se cree que este himno ya existía y que Pablo lo incluye en su escrito. Esto es semejante a cuando los predicadores modernos incluyen en su mensaje un pensamiento o porción de alguna poesía o cántico. Aquí se describen la humillación de Cristo, sus sufrimientos, su participación en nuestra humanidad, y su muerte y exaltación. La primera parte del himno habla de la humillación de Cristo (2.6-8); la segunda parte de su exaltación (2.9-11). A la exaltación de Cristo le precede su humillación. Hay un gran contraste entre lo que Cristo era en su preexistencia y lo que es en su encarnación. Asimismo hay contraste en Jesús como siervo y luego como Señor. En cuanto a la humillación, ésta es voluntaria en el haberse hecho hombre y en el tipo de muerte que sufrió. Al encarnarse se tuvo que despojar de su gloria, tomar forma humana y ser siervo obediente. En cuanto a su muerte en la cruz, Cristo tuvo la muerte más humillante que existía en la sociedad romana, designada para criminales, esclavos o personas de baja condición. Hay paralelismo en las ideas de este pasaje con el siervo sufriente de Isaías 52 y 53, especialmente en los aspectos de sufrimiento voluntario, muerte, y humillación.

Toda esta humillación y obediencia de Cristo finalmente le llevan a su exaltación como Señor en los cielos (donde había tenido su gloria), en la tierra (donde fue humillado), y debajo de la tierra. Es Cristo quien toma la acción de humillarse hasta el punto de morir en la cruz, pero es Dios quien ejecuta la acción de exaltarle. Dios «le dio un nombre que es sobre todo nombre». Este nombre es «kurios» (Señor, 2.11). El término «kurios» se usa en la Septuaginta (la traducción en griego de las escrituras hebreas) como el equivalente para «Yahvé», o sea el equivalente al nombre de Dios. El nombre que es sobre todo nombre es el nombre de Dios. Hay unas citas de Isaías 45.23 en los vv. 2.10-11 de Filipenses que confirman esto. Estas son las frases «se doble toda rodilla» (2.10) y «toda lengua confiese» (2.11). En el contexto de Isaías (Is 45.18-21) Dios habla y dice: «Yo soy Jehová y no hay otro» (Is 45.18). Más adelante Dios dice en Isaías: « ...ante mí se doblará toda rodilla y jurará toda lengua» (Is 45.23). Esto deja ver que en Filipenses Jesús es exaltado con el mismo nombre que se usa para Dios en el pasaje de Isaías. El pasaje de Isaías habla de la adoración a Dios como Señor; Filipenses se refiere a la adoración a Jesucristo como Señor. Ulteriormente el resultado de la adoración a Jesucristo es la «gloria de Dios Padre» (2.11). Es así como termina este hermoso himno.

Pablo llama a los filipenses a tener una actitud como la de Cristo. Por haber sido siervo y ofrecer su vida por las demás personas en humildad y obediencia, es ahora Señor. Lo que Cristo hizo rompe con las prácticas sociales en el Imperio Romano, donde la posición social y la descendencia o familia eran elementos determinantes para el estatus y honor de una persona. Cristo es el modelo que muestra que no se debe procurar el poder y el estatus, ni el interés propio, sino la humildad y el servicio a las demás personas. El servicio a Dios no es una competencia sobre quién llega al «estatus ministerial» más alto. El verdadero servicio está basado en la humildad y el cuidado mutuo que lleva a estimar a las demás personas como superiores. Como consecuencia de esto, el cuerpo de creyentes experimenta la verdadera unanimidad y unidad en Cristo. Vemos que la teología no se desasocia de la ética cristiana. La obra de la cruz tiene implicaciones éticas. Es por eso que Pablo exhorta a los filipenses a comportarse como es digno del evangelio y siguiendo el modelo de Cristo. Hoy en día sigue siendo Cristo el modelo por excelencia a imitar. Aun cuando la vida de otras personas creyentes sea admirable y al igual que Pablo nos sirvan como modelos a seguir, Cristo sigue siendo la fuente de inspiración a vivir la vida cristiana con excelencia.

En los vv. 2.12-18 Pablo sigue exhortando sobre este comportarse dignamente. Encontramos nuevamente la expresión «por lo tanto» (2.12), ahora uniendo lo que va a decir con el himno anterior. Esto implica que el ejemplo de Cristo es el fundamento para lo que sigue. Ahora Pablo apela a la obediencia ya probada de la iglesia, sea que él estuviese ausente o presente. Esta obediencia es paralela a la de Cristo. Les insta a ocuparse en la salvación «con temor y temblor» (2.12). Aquí el verbo «ocuparse» denota el trabajar arduamente, con gran esfuerzo. El «temor y temblor» no se refiere a miedo o pavor, sino a aquello que nos impele a procurar vivir en cercanía a Dios y en acorde con sus principios. El énfasis en ocuparse en la salvación no es contradictorio con la salvación por gracia, sino que deja ver que la persona tiene que esforzarse en ser responsable al vivir y conducirse en la vida cristiana como es propio, hasta el día de Cristo. El ocuparse de la salvación no es sólo un asunto individual; tiene implicaciones en la vida comunal por cuanto tiene que ver con la conducta que agrada a Dios. Es característico de Pablo este enfatizar tanto la parte que le corresponde hacer a la persona creyente —en este caso, ocuparse en la salvación— como la parte que Dios hace, producir tanto el querer como el hacer. La capacidad para obedecer está fundamentada en la obra de Dios en la persona creyente, que le ayuda a conducirse de acuerdo a la voluntad divina.

Pablo continúa con una advertencia a hacerlo todo «sin murmuraciones ni discusiones» (2.14). Debe estar aludiendo a la experiencia del pueblo de Israel cuando murmuró y se quejó en el desierto. Esto lo confirma la frase «en medio de una generación maligna y perversa» (1.15), que es una cita de Deuteronomio 32.5 donde se habla de Israel. Pablo utiliza el ejemplo negativo de Israel para decirles cuál es la conducta correcta (véase 1 Co 10.9-10, donde recurre también al ejemplo negativo de Israel). Se debe procurar la unidad comportándose en forma diferente a como se conducen las personas no cristianas. Esto es, siendo «irreprochables y sencillos» (2.15), y manteniendo y practicando la palabra de Dios. De esta forma la comunidad de creyentes cumple su cometido de ser luz en el mundo, como Jesús mismo enseñó.

Al hacer estas exhortaciones Pablo apela a las emociones de los filipenses (2.16-17) en su relación con él. Al conducirse los filipenses como Pablo les está diciendo, él sentirá que su trabajo ha sido productivo, garantizando esto el que podrá gloriarse por causa de la obra en los filipenses, pues no habrá «corrido en vano» (2.16). Se repite aquí la imagen de los juegos atléticos romanos. El corredor apuntaba hacia ganar una carrera, y tal victoria le traería honra y honor. Todo esto lo presenta Pablo dentro del contexto escatológico del día de Cristo, así como lo había presentado antes en la introducción de la carta, donde les llamaba a ser «irreprochables para el día de Cristo» (1.10) el día de su venida en gloria.

La entrega del apóstol por los filipenses, y por la iglesia del Señor en general, es tal que llega al punto de estar dispuesto a morir con gozo. Utiliza la metáfora del sacrificio al hablar de lo que sucedería si él tuviera que ser «derramado en libación» (2.17), ya que dadas las circunstancias que está viviendo existe la posibilidad de que deba morir por Cristo. La entrega y el sacrificio eran mutuos, ya que los filipenses se habían dedicado al cuidado de Pablo, y no sólo en el aspecto financiero. Esta sección finaliza con una nota paradójica de gozo mutuo en el contexto de la referencia de Pablo a su posible muerte (2.18), repitiéndose aquí el tema del gozo. Aun si Pablo muriera, los filipenses deberían regocijarse junto con él, pues para Pablo es un privilegio el morir por Cristo. Pablo mismo, su entrega por el evangelio y su disposición a imitar a Cristo aun hasta morir sirven de modelo para que los filipenses se conduzcan dignamente en sus relaciones y en su servicio a Dios. Así que, aunque Cristo es el modelo por excelencia, la conducta del apóstol y también de sus colaboradores (como se verá en la próxima sección) funcionan como ejemplos en esta carta para mostrar lo que son el servicio y la entrega sacrificial y digna del evangelio.

D. Planes de enviar a Timoteo y a Epafrodito (2.19-30)

Esta sección (2.19-30) se conoce como un pasaje de recomendación. Era costumbre en el mundo antiguo enviar representantes cuando la persona no podía estar presente. Se acostumbraba enviarles con una carta de recomendación. Se esperaba que se recibiera a la persona recomendada de la misma forma que se recibiría al remitente. Al tener planes de enviar a Timoteo y Epafrodito a los filipenses, Pablo los recomienda a ambos.

Pablo está en prisión y determina que Timoteo es la persona apropiada para representarlo y ministrar a la iglesia de Filipos, ya que comparte con él la misma preocupación y cuidado por los filipenses. Cuando Pablo describe a Timoteo vuelve a hacer uso de la retórica de la ejemplificación. Timoteo es uno de los compañeros de Pablo frecuentemente mencionado en sus cartas. Es alguien que comparte los sentimientos de Pablo. En el idioma griego el término que se utiliza para la idea de compartir los sentimientos es *isopsuchos* que significa tener la misma mente o ánimo. Este término viene de la palabra *psuche*, ya usada por Pablo al exhortar a los filipenses a combatir en un mismo espíritu y mente (o ánimo) (1.27). Esto deja ver que este tema vuelve a repetirse en la carta, pero ahora al hablar de él y de Timoteo como quienes tienen unidad, una misma mente o ánimo. También implica que la relación de Pablo y Timoteo se basa en afecto y amor, al igual que el concepto de amistad en la antigua sociedad romana, pero la base de este amor es Cristo.

Otra característica de Timoteo es que no procura su propio beneficio o interés, sino el de los filipenses —esto al igual que Cristo, como se ha descrito ya en el himno. Además, ha servido en el evangelio junto a Pablo como padre a hijo. Este servir en el evangelio implica servir a Pablo. Para Pablo Timoteo es un hijo de gran estima. La imagen paterna que se utiliza denota el afecto y amor entre ellos. La idea de que los «méritos» de Timoteo son conocidos por los filipenses habla de un carácter demostrado a través del tiempo por medio de pruebas y responsabilidades fuertes. Timoteo es un servidor que se debe imitar y que a su vez ha seguido el modelo de Cristo y de Pablo mismo. Al describir a Timoteo de esta forma, el apóstol está presentándolo como modelo para afirmar o enfatizar temas ya tocados dentro de sus previas exhortaciones en esta carta: tener un mismo sentir, adoptar la actitud humilde que procura el beneficio de las demás personas, el servicio, el afecto, y el amor.

Epafrodito es otro servidor digno de imitar. Pablo lo estaba enviando de regreso a Filipos ya que los filipenses le habían enviado a acompañarle para que le asistiera mientras estaba en prisión. El apóstol reconoce la labor realizada en favor suyo y lo recomienda con gran estima. Otra vez utiliza la retórica de ejemplificación al describir a Epafrodito y su servicio.

Asimismo encontramos temas recurrentes en esta descripción. Primero dice que es su «hermano» (2.25). Este lenguaje de familia que Pablo usa en sus cartas denota una relación cercana de afecto y amor. Hoy en día se ha hecho tan común el uso de las palabras «hermano» y «hermana» en las iglesias que a veces se pierde el sentido de lo que esto implica, viniendo a ser simplemente una forma tradicional de saludarse.

En segundo lugar, Pablo declara que Epafrodito es su «colaborador» (sunergos) (2.25). *Sunergos* es una de las palabras que Pablo usa para referirse a las personas que colaboran con él en la obra, y significa alguien que trabaja a la par con otra persona o ayuda a otra persona. Esta palabra lleva la idea de igualdad. En tercer lugar dice que es su «compañero de milicia» (2.25). Usa aquí la palabra griega *sustratiotes*, que literalmente significa un soldado compañero, y es un término de honor. En sus escritos Pablo usa esta palabra para hablar de quienes se dedican al servicio del evangelio. Las palabras «hermano, colaborador y compañero» (2.25) y la forma en que Pablo las usa en esta carta y en sus otros escritos implican igualdad y honor. En la sociedad romana la base para la igualdad y honra estaba, en lo referente a la milicia, en los logros militares y con quiénes uno se asociaba. La descendencia de familia de clase alta o lazos sociales por causa de esa misma descendencia eran también factores determinantes en cuanto a estatus y honra, pero en Pablo la igualdad y el honor se basan en los lazos de familia en Cristo, y en el trabajo de entrega y servicio por el evangelio.

En cuarto lugar, Pablo explica cómo Epafrodito le ha servido al punto de exponer su vida. Los filipenses se habían enterado de que Epafrodito estaba enfermo. El tipo de enfermedad no se menciona, pero sí que estuvo «a punto de morir» (2.27) por la obra de Cristo. En su determinación de servir a Pablo en nombre de los filipenses, Epafrodito expuso su vida al pasar por una enfermedad casi fatal. Le había dado a Pablo un servicio sacrificial. Esto es paralelo al servicio sacrificial de Cristo en el himno y al que Pablo estaba dispuesto a sufrir en libación por los filipenses (2.17). Pero Dios tuvo misericordia de Epafrodito y de Pablo mismo, pues si hubiese muerto esto les habría causado mucha tristeza al apóstol y a los filipenses. Se ve aquí el afecto y amor de Pablo por Epafrodito. Además los lazos de amor entre los filipenses y Epafrodito se ven claramente en la añoranza de verles y en el angustiarse al saber que la iglesia ya sabía que estuvo enfermo (2.26). Pablo les pide que lo reciban con gozo y que le tengan en estima, ya que el servicio de Epafrodito hacia él equivalía al servicio mismo de la iglesia de Filipos.

En el contexto de la carta esta recomendación de Epafrodito tiene la función de dejarles saber que había completado su misión con excelencia y pedirles que le recibieran con honor. Pero aun más, indirectamente les llama a la unidad y a vivir dignamente el evangelio al presentarlo como ejemplo de servicio sacrificial, humildad, y de quien no procura el bien propio sino el de las demás personas. Esto nos habla hoy de que en las iglesias se debe reconocer y tener en estima a las personas que ofrecen este tipo de entrega y servicio. A veces no son necesariamente los que así lo ameritan quienes son reconocidos. La estima que se debe tener hacia los hermanos y hermanas y hacia los líderes no debe basarse en su nivel social y económico ni en su prestigio, sino en los lazos de unión en Cristo y en ser modelos de una vida cristiana humilde y servicial. La comunidad de creyentes debe estar unida en amor, brindarse ayuda mutua, y compartir las dificultades y alegrías. Esto es vivir el evangelio dignamente.

E. Advertencia en contra del legalismo y a estar enfocados en la meta (3.1-4.1)

El capítulo 3 inicia retomando el tema del gozo al animar a los filipenses a gozarse. Añade que el escribirles «las mismas cosas» (3.1) es de provecho. La repetición es importante para el aprendizaje. Las «mismas cosas» pudiera referirse a lo dicho anteriormente en la carta, pero muy probablemente se refiere a lo que va a decir sobre ciertos oponentes, ya que en el 3.18 vuelve a mencionar el haberles hablado antes sobre ciertos «enemigos de la cruz de Cristo» (3.18). Además, Pablo ya había tratado el tema de los oponentes en el 2.28.

El v. 3.2 presenta una advertencia apremiante a guardarse de personas que se describen como «perros», «malos obreros» y «los que mutilan el cuerpo» (2.2). Hay que notar que repite tres veces la palabra «guardaos» (2.2), dando énfasis a su advertencia. Usa tres diferentes descripciones para el mismo grupo. Dadas las descripciones y el contexto del pasaje, deben ser judaizantes o judeocristianos, posiblemente itinerantes, ya que como se dijo en la ciudad de Filipos había poca o ninguna presencia judía. La primera descripción, «perros», es una palabra fuerte que los judíos usaban para referirse a los gentiles, a los no circuncidados. Pablo le da al uso de la palabra «perro» un significado contrario para hablar de quienes persisten en la circuncisión. El perro era considerado por la ley judía un animal inmundo, a diferencia de nuestros tiempos y nuestra cultura, en que apreciamos al perro como mascota y compañero fiel.

La segunda descripción, «malos obreros», Pablo la usa en 2 Corintios para hablar de los falsos apóstoles, y les llama «obreros fraudulentos» (2 Co 11.13). En cuanto a la tercera descripción, «los que mutilan el cuerpo», está hablando de la circuncisión, que era la señal del pacto en la ley judía. La salvación era exclusiva para el pueblo judío y por medio del cumplimiento de la ley. Cuando un gentil abrazaba la ley judía, se le llamaba un prosélito y tenía que circuncidarse. Pero la mutilación de cualquier parte del cuerpo estaba prohibida por la ley (Dt 21.5). Aquí Pablo cambia irónicamente el significado de circuncisión a mutilación. Al contrario de estos oponentes, Pablo predica un evangelio de salvación por gracia y de circuncisión del corazón (Ro 2.25-29); ésta es la verdadera circuncisión. Esta idea se encuentra en Deuteronomio 10.16, donde se llama a Israel a circuncidar el corazón (vea también Dt 30.6; Lv 26.41; Jer 4.4, 9.6). Es por esto que en el v. 2 Pablo dice que quienes en espíritu sirven a Dios y se glorían en Cristo Jesús, no confiando en la carne sino en Cristo, son la verdadera circuncisión.

Inmediatamente pasa a presentarse él mismo como ejemplo de alguien que tendría «de qué confiar en la carne» (3.4), ya que fue un verdadero judío en descendencia o linaje y en la práctica de la ley. Esto lo presenta en contraposición con estos oponentes. Primero menciona sus privilegios de herencia judía. Fue circuncidado al octavo día de nacer, conforme a lo establecido en la ley. Desciende del linaje de Israel, el pueblo escogido por Dios. Viene de la tribu de Benjamín, tribu que en el Antiguo Testamento iba al frente en la guerra y era la segunda en honor después de Judá. Es hebreo de hebreos. Esto último puede significar que viene de una familia que hablaba el idioma hebreo, que no eran judíos helenizados, sino que habían mantenido la cultura hebrea, o ambas cosas. En los tiempos de Pablo muchas familias judías ya no hablaban el hebreo, sino el griego (lengua franca dentro del Imperio Romano) o los idiomas de las diferentes regiones donde vivían (véase Hch 2:8-11).

Pablo pasa a mencionar sus logros y prácticas dentro del judaísmo: fue fariseo, uno de los grupos judíos más estrictos en guardar la ley; persiguió a la iglesia en su celo extremo por el judaísmo, y era irreprochable en cuanto a la justicia basada en la ley —o sea, no había fallado o violado la ley mosaica. Pablo presenta todas sus calificaciones desde el punto de vista judío para confrontar a los oponentes. El no seguir las prácticas de la ley no es por falta de ser judío, sino por lo que es ahora en Cristo. En la vida cristiana lo que cuenta es lo que somos en Cristo, no lo que éramos antes. Para Dios no es importante la conducta moral o religiosa que hayamos tenido, sea óptima o pésima, sino la obra de justificación en nosotros gracias a la entrega sacrificial de Cristo.

Pablo tenía mucho de qué gloriarse en la carne. Sin embargo todo lo que dentro del judaísmo era considerado de alta estima o ganancia, ahora para él es considerado como pérdida o basura. Utiliza aquí (3.7) lenguaje comercial (pérdida, ganancia). A semejanza de Cristo, como vimos en el himno, Pablo perdió prestigio, pero tuvo ganancia en su pérdida. En el v. 3.9, el apóstol contrapone la justicia en Dios con la justicia de la ley. El ser justificado por Dios viene únicamente a través de la fe en Cristo, no por obras de la persona misma, que sería la justicia basada en la ley. Es por esto que Pablo considera como pérdida todos sus logros en el judaísmo. La altivez, el orgullo, el procurar sobresalir, y buscar la honra no deben tener lugar en la vida de la persona creyente, independientemente de los logros alcanzados en o antes de estar en Cristo.

El conocer a Cristo y la excelencia de este conocimiento es lo que ahora es valioso para Pablo. La idea de «conocer» debe tener sus raíces en el Antiguo Testamento. El pueblo israelita anhelaba conocer a Dios. Esto implicaba reconocer lo que Dios hacía con su pueblo, honrarle y obedecerle. Cuando Pablo habla de conocer a Cristo lo presenta en forma progresiva: ha estimado todo como «pérdida por amor a Cristo» (3.7). Estima todo como pérdida «por la excelencia del conocimiento de Cristo Jesús» (3.8). Y quiere «conocerlo a él y el poder de su resurrección, y participar de sus padecimientos hasta llegar a ser semejante a él en su muerte» (3.10). Todo esto apunta a la temática de que Dios completará la obra en las personas creyentes, que es parte de los temas anunciados en la introducción de la carta (1.6). Si en el judaísmo Pablo se había entregado con todo su celo, cuánto más ahora todas sus energías estarán ahora enfocadas en conocer más a Cristo y hacia la gloria futura, al punto de estar dispuesto a padecer y morir por Cristo. Pablo quiere imitar el modelo por excelencia que es Cristo en sus padecimientos y aun en su muerte. La vida cristiana es vida de constante crecimiento en el conocimiento de Cristo. Se debe imitar ese empeño y energía que tiene Pablo al procurar conocer a Cristo más y más.

Los vv. 3.12-14 hablan del proceso que no se ha completado todavía, aludiendo una vez más a la imagen de los juegos atléticos. Reconoce que todavía no ha alcanzado la meta; todavía no ha sido perfeccionado. Se repite la temática de perfeccionar la obra (1.6). La palabra griega que utiliza para «perfecto» es *teleios* y lleva la idea de completar o llevar a la perfección. Se puede decir que Pablo fue «asido por Cristo Jesús» (3.12) cuando se le revela en el camino a Damasco, y luego (a través de Ananías) recibe su llamado (Hch 9) e inmediatamente comienza a predicar a Cristo (9.20). Ahora Pablo dice que quiere seguir avanzando, olvidando lo que queda atrás, para alcanzar el propósito al cual fue llamado. Sabemos que ya Pablo había logrado mucho en su servicio a Dios y a las iglesias. Lo que queda atrás puede referirse a lo ya logrado en el cristianismo, y puede incluir también sus logros previos en el judaísmo. Al igual que los corredores, olvida lo que queda atrás y se «extiende» o enfoca hacia el premio. En los juegos romanos el corredor miraba fijamente a la línea de llegada. Pablo está conciente de no haber cruzado la línea de la meta, de no ser perfecto todavía, y se mantiene mirando a la meta. El premio no es el llamamiento mismo (3.14), sino la recompensa de Dios tras obedecer a ese llamado. Dado el contexto, esto se refiere al conocimiento pleno de Cristo y a la resurrección de entre los muertos. Al igual que Pablo, se debe correr la carrera cristiana sin mirar hacia atrás. Los logros alcanzados no nos deben entretener en el camino. Hay personas creyentes que viven de glorias pasadas y pierden el enfoque hacia la meta que está por delante.

En el v. 3.15, Pablo vuelve a retomar la temática de tener un mismo sentir. Precisamente porque hay una meta a alcanzar por aquellas personas que son «perfectas» o maduras y porque hay que comportarse dignamente en el evangelio, es que hay que procurar la unidad. La palabra griega que «perfectos» traduce (3.15) es nuevamente *teleios*, que aquí significa «maduro». Este es otro de los significados de este término que lleva la idea de lo que es una persona madura en oposición a una novata. Pablo se cuenta a sí mismo y a los filipenses como personas cristianas maduras. La actitud de las personas maduras debe promover la unidad. A esta exhortación a tener un mismo sentir le sigue nuevamente el uso de la ejemplificación para reforzar su argumento. En este caso el apóstol se presenta a sí mismo como persona a imitar y como medida de cómo conducirse en la vida cristiana (3.17), para que los filipenses puedan distinguir entre quienes se conducen apropiadamente y quienes no. En oposición a su propio ejemplo de conducta adecuada, menciona un grupo a quienes se refiere como «enemigos de la cruz de Cristo» (3.18). Podría estar hablando aquí de los judaizantes (3.2) o de algún grupo de gentiles conversos que se están conduciendo en forma libertina. Sea uno u otro grupo, estas personas son indulgentes consigo mismas o son gobernadas por sus pasiones. Esto es lo que implica la expresión «su dios es el vientre» (3.19). Están concentradas en cosas terrenales, y no en las celestiales.

En contraste con los intereses y la conducta de estos oponentes están los intereses de la persona cristiana cuya ciudadanía está en los cielos. Vuelve Pablo a aludir al concepto de ciudadanía para traer una verdad espiritual. Aquellas personas que son ciudadanas celestiales tienen ciertos privilegios y garantías. Por lo tanto, esperan al Señor Jesucristo y la transformación de un cuerpo mortal en un cuerpo glorioso semejante al de Cristo (3.21). Todo esto por el poder que hay en Cristo, ya que todas las cosas están sujetas a él (3.21). Evoca aquí el señorío de Cristo descrito en su exaltación en el himno del capítulo 2. En el imperio celestial Cristo es el Señor. Hay un énfasis escatológico que apunta a crear conciencia sobre la meta final, sobre lo que finalmente alcanzarán quienes tienen la ciudadanía del cielo y se ocupan en las cosas pertinentes a lo celestial.

Finaliza esta sección con un llamado a estar firmes en el Señor (4.1). Aunque este versículo es parte del capítulo 4, realmente es como un cierre de los pensamientos que ha estado desarrollando, y por eso lo hemos incluido en esta sección (aunque a su vez sirve como introducción a lo que Pablo va a decir a continuación). Esto se ve en el inicio del v. 1 cuando dice «Así que» (4.1). Dados todos los privilegios y garantías de tener esa ciudadanía celestial, se debe procurar estar firmes. Hay que cuidar y mantener lo que se ha alcanzado, de igual modo que Pablo les había exhortado antes a ocuparse en la salvación (2.12). La temática de estar firmes es parte de la tesis o proposición de la carta, como vimos en el v. 1.27, cuando Pablo les exhorta a estar firmes en un mismo espíritu. Ahora en esta exhortación a estar firmes se repiten las temáticas de la añoranza, el afecto y el amor al llamar a los filipenses «hermanos míos, amados y deseados» (4.1). Además dice que los filipenses son su gozo (otra vez encontramos este tema) y su corona. La idea de que son su corona retoma la imagen de los juegos romanos, y es paralela a la idea del v. 2.16, donde Pablo espera gloriarse y no haber corrido en vano. En los juegos olímpicos la corona que recibían los ganadores era símbolo de triunfo. Para quienes ministran y dirigen al pueblo de Dios, una de las mejores recompensas es ver el fruto en la vida de las personas a quienes se está sirviendo. Como a Pablo, esto trae gozo y satisfacción.

F. Exhortación a Evodia y Síntique y otras exhortaciones generales (4.2-9)

En esta sección Pablo se dirige directamente a Evodia y Síntique, dos mujeres líderes en la iglesia de Filipos que tenían un desacuerdo aparentemente fuerte. Además, pide a uno de sus colaboradores, cuyo nombre no se menciona, que ayude a estas dos mujeres. Al igual que hoy en día, problemáticas entre hermanas y hermanos ocurren en la iglesia y hay que trabajar con esto, como lo está haciendo Pablo en esta carta. La causa de la discordia o desacuerdo no se menciona, pero claramente les llama a «que sean de un mismo sentir en el Señor» (phroneo) (4.2) —temática que se repite una vez más en esta carta. Como se ha dicho, el ser de un mismo sentir habla de actitud y de vivir en unidad; todo esto fundamentado en el ser uno en Cristo. Se puede decir que el desacuerdo entre estas líderes estaba afectando a la iglesia, ya que Pablo se dirige a ellas públicamente (recordemos que las cartas se leían a las iglesias en voz alta). La preocupación de Pablo no es sólo por Evodia y Síntique, sino también por cómo esta situación estaba alterando la unidad en la iglesia. Es por esto que les pide que tengan la actitud cristiana correcta.

Evodia y Síntique eran líderes prominentes en la iglesia de Filipos, ya que Pablo las menciona por su nombre. En el mundo antiguo las mujeres eran mencionadas por su nombre sólo si eran prominentes, aunque principalmente en el sentido socioeconómico. Tal podría ser también el caso de Evodia y Síntique. Hay que recordar que, a diferencia de otras partes del imperio, en Macedonia las mujeres tenían más libertad y desempeñaban funciones en la vida pública. El que Pablo las llame por sus nombres también puede ser indicativo de la gravedad de la problemática.

Ahora bien, la importancia de estas mujeres dentro del liderazgo está evidenciada en la forma en que Pablo describe su labor. Dice que «combatieron juntamente» (4.3) con él en el evangelio. La idea de «combatir juntamente» se usaba para referirse a la lucha en conjunto de los gladiadores en la arena. La misma era agotadora y llegaba hasta la muerte. Pablo había hecho un llamado a los filipenses a combatir unánimes por la fe del evangelio (1.27). Ahora utiliza la misma imagen para decir que estas mujeres habían luchado o batallado junto a él con gran valentía y denuedo. Además, dice que combatieron juntamente con otros «colaboradores» (4.3) de Pablo. La palabra griega que Pablo usa para referirse a sus «colaboradores» es *sunergos*, que denota a alguien que trabaja en conjunto con otra persona. Pablo había utilizado esta misma palabra al hablar sobre Epafrodito como compañero. Como vimos, este término implica igualdad y honor. Quiere decir que Pablo considera a Evodia y a Síntique como colaboradoras iguales a él mismo y a sus otros colaboradores.

La manera en que Pablo se refiere a estas mujeres sirve de modelo a la iglesia contemporánea para que se tenga en estima y se reconozca por igual la labor y función de hombres y mujeres que trabajan arduamente por el evangelio. Hay que aclarar que lo que hace merecedora a una mujer de ser llamada colaboradora no es el «derecho a la igualdad», sino su llamado y trabajo en el Señor. Por otro lado, algunas veces se toma la problemática entre Evodia y Síntique para tratar de probar que las mujeres en la iglesia causan problemas y no deberían estar en posiciones de liderato. Si hubiesen sido dos hombres los que tenían dificultades entre ellos, Pablo hubiera lidiado con la situación de la misma forma. Esto se ve claro en el caso de los corintios, ya que Pablo le escribe a esa iglesia en general —hombres y mujeres— para tratar sobre problemas de divisiones (1 Co 1.10).

De la exhortación a Evodia y Síntique Pablo pasa a hacer nuevamente un llamado a regocijarse y les pide a los filipenses que tengan gentileza o que sean generosos con las demás personas (4.4). Luego, como abruptamente, declara que el «Señor está cerca» (4.4). Pero, al igual que en el v. 4.4, el tono escatológico está presente varias veces en la carta en un contexto de exhortación a conducirse apropiadamente (1.10; 2.16; 3.20). Otra posibilidad es que se refiera a que el Señor está cerca de su pueblo, ya que el pueblo israelita tenía el concepto de que Dios está cerca del pueblo que clama (Sal 141.18). Precisamente la exhortación continúa pidiéndoles que oren y no se angustien por ninguna razón (4.6). Contrapone el angustiarse con el presentar las peticiones ante Dios en oración, ruego, y con acción de gracias. La persona creyente puede experimentar angustia ante diferentes circunstancias, pero debe sobreponerse a ella por medio de la oración. Además Pablo dice que la oración debe incluir el agradecimiento a Dios. Cuando se hace todo esto la paz de Dios hace que el corazón y los pensamientos (lo interno del ser humano) sean guardados (4.7). La paz de Dios sobrepasa toda la capacidad mental humana de lucha ante la angustia. En el 4.7 el «guardar» puede tener una connotación militar, como la idea de guardas vigilando una ciudad. Una vez más Pablo usa la contraposición de ideas (paz en oposición a angustia), en esta ocasión para crear conciencia en sus lectores de la obra que hace Dios cuando la persona le busca en oración.

En el v. 4.8 encontramos un listado de virtudes, y Pablo llama a los filipenses a pensar en ellas. Los moralistas griegos hacían listados de virtudes para hablar sobre la conducta moral ideal. Las virtudes que Pablo incluye en su listado están de acuerdo con las de los griegos, pero también las encontramos en la literatura judía. Lo que es importante es que Pablo incluye virtudes que son consistentes con el carácter cristiano: verdad, honestidad, justicia, pureza, amabilidad, lo que es de buen nombre, lo que es digno de alabanza. Este listado, y especialmente la última virtud (lo que es digno de alabanza), hacen eco a la oración que Pablo eleva en la introducción, que los filipenses puedan «aprobar lo mejor» (1.10). El ser humano actúa conforme a lo que piensa. Lo que hay en el interior o la mente de la persona va a ser evidente en sus acciones. Precisamente la exhortación continúa con un llamado a actuar conforme a lo que los filipenses han aprendido, recibido, oído y visto en Pablo (4.9). Una vez más, Pablo se presenta como ejemplo. Les pide que imiten sus enseñanzas y sus acciones. Pablo es un modelo porque lo que dice está en armonía con lo que hace. El llamado pues en esta exhortación es a pensar en estas virtudes y a actuar según la enseñanza recibida y el ejemplo visto en Pablo. Esto lleva a la persona a conducirse como es digno del evangelio, y esto es la tesis y el objetivo principal de esta carta. Finaliza esta sección con una declaración de que cuando se piensa y actúa de esta forma el Dios de paz se hace presente (4.9).

G. Agradecimiento de Pablo a los filipenses (4.10-20)

Como se ha dicho, la iglesia de Filipos es una de las pocas iglesias de las cuales Pablo acepta ayuda financiera para su ministerio (compárese con la iglesia de Corinto, 1 Co 11.8-9). Ahora se goza porque los filipenses han «revivido» (4.10) el interés por él al enviarle ayuda financiera. Nótese que se repite el tema del gozo. Les aclara que él sabía que tenían interés de ayudarle, pero ahora tuvieron la oportunidad de hacerlo. El que Pablo recibiera ayuda de esta iglesia deja ver que los lazos de afecto, amor y amistad eran fuertes, como se manifiesta en el resto de la carta. El tono en que habla da a entender que para él era más importante el amor y el cuidado mostrado por los filipenses que la ayuda financiera misma.

En los vv. 4.10-20 encontramos algunos aspectos del concepto que tiene Pablo de lo que es el sostenimiento y provisión económica en el ministerio. En primer lugar afirma que ha aprendido a estar contento sea cual fuese su situación financiera (4.11). Al hacer esto, contrapone el vivir humildemente con tener abundancia, estar saciado con tener hambre y tener abundancia con padecer necesidad (4.12). Presenta un mismo principio con tres ideas similares. Hace uso de la repetición para comunicarles este principio a los filipenses. A su vez les deja saber que aprender a estar contento y vivir con lo que tenga, independientemente de las circunstancias, es algo que le había sido enseñado y había aprendido. Se entiende que Dios, a través de las circunstancias, le llevó a aprender esto. Los pensadores griegos creían en esta idea de contentarse con lo que tuviesen, la persona que practicaba este principio era considerada sabia. Pablo la practica, pero a diferencia de los griegos la razón por la cual él ha podido mantenerse con una actitud de gozo bajo cualquier circunstancia financiera es que su fortaleza está en Cristo (4.13). La idea de dependencia de Dios viene de su formación judía y está presente en el Antiguo Testamento. Una de las pruebas convincentes de que alguien es llamado al ministerio es cuando se conduce bajo este principio. Esto no le quita la responsabilidad de la iglesia de dar apoyo económico a quienes laboran por el evangelio (1 Co 9.6-14).

Lo segundo es que el apoyo que la iglesia le ha dado a Pablo se considera una manera de «participar» (4.14) en su tribulación. Esto Pablo lo ha dicho ya en la introducción a la carta (1.5, 7). Ahora habla de las diferentes ocasiones en que los filipenses suplieron a sus necesidades desde el principio de su ministerio (4.15-16). Como se mencionó anteriormente, la palabra «participar» se usaba frecuentemente para referirse a compartir financieramente como socios. Ahora bien, el «participar» en lo económico implica a su vez participación en la defensa y confirmación del evangelio (1.7). La ayuda brindada a Pablo hizo posible que él llevara a cabo su ministerio. Es como si los filipenses también hubiesen hecho la labor que hizo Pablo. Cuando la iglesia sostiene a sus líderes se está asociando con su ministerio.

El tercer principio es que Pablo no busca donativos, sino «fruto que abunde» o quede registrado en la «cuenta» (4.17) de los filipenses. Usa aquí lenguaje comercial. La atención o importancia de la ayuda financiera que se recibe no debe concentrarse en el donativo mismo, sino en el fruto o bendición que tiene quien da. Esta es la actitud correcta de una persona llamada al ministerio.

El cuarto punto es que la ayuda de los filipenses viene a ser una ofrenda que agrada a Dios. Pablo describe la ayuda recibida como «olor fragante, sacrificio acepto, agradable a Dios» (4.18). En su descripción usa lenguaje veterotestamentario. Cuando la persona creyente da de la forma en que los filipenses lo hacen y con la actitud correcta, esto es para Dios una ofrenda agradable.

Finalmente, el quinto principio en cuanto al sostenimiento o el dar es que Dios ha de suplir lo que les falta a los filipenses, ya que ellos también le suplieron a Pablo lo que él necesitaba. Dios recompensa y se ocupa de las necesidades de quienes sostienen su obra. Este es otro principio del Antiguo Testamento (Mal 3.10). Pablo termina esta parte de su escrito con una alabanza a Dios (1.20).

Esta sección de la carta (4.10-20) está estratégicamente desarrollada. La ofrenda sacrificial de la iglesia hace eco a la entrega sacrificial de Cristo. Pablo reconoce que los filipenses se han conducido sacrificialmente en cuanto a su servicio a él. Este tipo de actitud y conducta que procura el bien de las demás personas conduce a la armonía y unidad en la iglesia, y muestra lo que es vivir como es digno del evangelio.

II. Cierre o despedida (4.21-23)

En la despedida Pablo sigue el patrón de las cartas de amistad de su época, enviando saludos. Aquí saluda a los destinatarios y a su vez envía saludos de parte de los que están con él. La frase «los de la casa de César» puede referirse a los del pretorio (1.13) o a algunas personas que estaban al servicio del Imperio Romano. Pablo finaliza la despedida con una bendición para que la gracia de Jesucristo sea con los filipenses (4.23). Este tipo de despedida es característico de Pablo (véase, por ejemplo, Ro 16.24; 1 Co 16.23; 2 Co 13.14).

Conclusión

Esta carta nos muestra varias facetas y realidades de Pablo como apóstol, maestro, amigo, y confidente. También nos deja ver a un apóstol que tiene una convicción clara y profunda de su llamado, carrera, compromiso y entrega por el evangelio y por sus iglesias, aun en medio de circunstancias adversas. Todo esto se ve en esta carta sin dejar de ser Cristo y su obra redentora lo central y fundamental (2.6-11). Esta carta insta a vivir la vida cristiana con dignidad, gozo, amor, humildad y armonía con las demás personas, así como con esfuerzo y determinación, independientemente de las circunstancias que puedan estar presentes.

Capítulo 2

La Carta a los Colosenses

La ciudad

Colosas estaba en Frigia (en la Turquía de hoy) en la provincia de Asia. Estaba localizada en el valle del río Lico, a unos 2 kilómetros del río y unos 180 de Éfeso, y en una vía importante que atravesaba desde Éfeso hasta el valle del río Éufrates. En un tiempo Colosas fue una ciudad importante y próspera, al igual que Laodicea y Hierápolis (ciudades cercanas a Colosas y también ubicadas en el valle del río Lico). En general el valle del río Lico era un región próspera conocida por el comercio, por sus abundantes pastos para las ovejas, y por la producción de higos y aceitunas. Esta región era también conocida por sus depósitos de yeso. Las aguas del río Lico contenían yeso, y esto facilitaba la industria del teñido. Por ello Colosas era conocida por el negocio del teñido, al punto que uno de los tintes llevaba el nombre de la ciudad. Colosas, así como Laodicea y Hierápolis, sobresalía en la industria de la lana. Pero mientras las ciudades de Laodicea y Hierápolis se mantuvieron prósperas, Colosas decayó. Para el tiempo en que Pablo escribe ya no era una ciudad importante. Actualmente la ciudad de Colosas no existe. Fue destruida por un terremoto cerca del año 60 d. C.

La población de Colosas estaba compuesta mayormente de personas oriundas de Frigia, griegos y judíos. La población judía era bastante grande. Los primeros judíos que llegaron habían sido deportados por Babilonia y Mesopotamia en la segunda centuria a. C. (alrededor de unos 2,000 judíos). Las familias judías establecidas en esta área eran prósperas.

Esto hacía que más judíos de otros lugares se mudaran a Colosas y a las ciudades vecinas. Los judíos que vivían en la región del valle de Lico enviaban a Jerusalén el pago de los impuestos del Templo. Para el año 62 a. C. eran tan altas las cantidades de oro enviadas en pago de estos impuestos que el gobernador romano de la ciudad de Laodicea embargó la exportación de los impuestos del Templo. La cantidad aproximada del embargo era de unas veinte libras de oro, que debieron corresponder a unos 11,000 judíos, sin contar las mujeres y los niños. Esto nos habla no sólo de la prosperidad de las familias judías en esta área, sino también de su alto número.

En los tiempos de Pablo, Colosas era una ciudad donde no solamente diferentes culturas se mezclaban, sino donde también diferentes religiones e ideas paganas estaban presentes. La región de Frigia en general era conocida como una zona a cuyos habitantes les fascinaba lo misterioso. Se practicaba la cosmología y la astrología. Existía en esta región un sincretismo religioso donde diferentes creencias y prácticas paganas se entremezclaban. Se daba culto a la naturaleza y a sus dioses. Además, las prácticas ascéticas de algunas de estas religiones paganas imponían a sus seguidores el mortificar el cuerpo y luchar constantemente contra los instintos carnales. Todo este ambiente pagano estaba en el trasfondo de la vida de los habitantes de esta ciudad.

La iglesia

Pablo no había conocido personalmente a la iglesia de Colosas, ya que la cuenta entre las que «no han visto» su rostro (2.1). Aunque esta iglesia no fue fundada por Pablo, debió haber nacido durante el tiempo del ministerio de Pablo en la región de Asia, cerca del 52-55 d. C., ya que el libro de Hechos dice que «todos los que habitaban en Asia, judíos y griegos, oyeron la palabra» (Hch 19.10). Epafras, colaborador de Pablo y original de Colosas, fue quien seguramente llevó la palabra del evangelio a Colosas (Col 1.7).

Además se sabe de esta iglesia a través de la carta de Pablo a Filemón, donde el apóstol está enviando de regreso a un esclavo llamado Onésimo, que había escapado de su amo. Aunque en Filemón no se hace mención de la iglesia de los colosenses, detalles que encontramos en ambas cartas indican que Filemón debió ser parte de esta iglesia. En Colosenses 4.7-9,

Pablo habla de sus planes de enviar a la iglesia de Colosas a Onésimo para que acompañe a Tíquico, uno de sus colaboradores. Sabemos que Onésimo es oriundo de Colosas, pues Pablo dice «que es uno de vosotros» (4.9). Esto debe referirse al mismo Onésimo de la carta a Filemón. Encontramos también información en ambas cartas que sugieren que las dos cartas fueron dirigidas a personas de una misma iglesia. En Colosenses y en Filemón Pablo envía saludos a la iglesia de parte de Aristarco y Marcos (Col 4.10; Flm 23), así como de parte de Epafras (Col 4.12; Flm 23), Lucas y Demas (Col 4.14; Flm 23). En Filemón Pablo dirige su carta (además de a Filemón, a la hermana Apia y a la iglesia) a Arquipo, uno de sus colaboradores (Flm 2), mientras que en Colosenses Pablo envía un mensaje a Arquipo, quien está entre los colosenses (4.17). Vemos pues que hay una conexión entre la carta a los colosenses y la carta a Filemón, pues ambas van dirigidas a una misma iglesia.

La iglesia de Colosas debió estar compuesta predominantemente de gentiles. Esto se ve cuando Pablo se refiere a la vida previa a la conversión de las personas de esta iglesia diciendo que estaban «muertos en pecado y en la incircuncisión de vuestra carne» (2.13). Además, las personas creyentes de Colosas, antes de abrazar el cristianismo, pudieron haber sido paganas, ya que Colosas era una ciudad donde las prácticas de diferentes religiones paganas se entremezclaban. Por otro lado, Pablo habla muy positivamente de esta iglesia como una comunidad cuya fe en Cristo es bien conocida, y en donde la palabra de Dios ha crecido y dado fruto (1.4-6).

La carta

Pablo escribe esta carta desde la prisión (4.3, 10, 18). El lugar de encarcelamiento no se puede definir con exactitud. Pudo ser escrita durante su encarcelamiento en Efeso, en Cesarea, o muy posiblemente en Roma. Epafras se preocupa mucho por el bienestar de esta iglesia (4.12). Le informa a Pablo sobre la fe y el crecimiento de los colosenses (1.4-8). A su vez le deja saber de algunas situaciones que amenazan a la iglesia. Falsas enseñanzas y filosofías contrarias al evangelio que habían recibido estaban tratando de penetrar en las comunidades de creyentes, tanto en Colosas como en Laodicea (2.1). Pablo decide escribir para persuadir a los colosenses de no dejarse engañar por estas falsas doctrinas. Su preocupación y lucha por ésta y otras iglesias de esta región es grande. Es por eso que Pablo pide que esta carta sea leída también en Laodicea (4.16).

La naturaleza de las falsas enseñanzas y filosofías

Las falsas enseñanzas y filosofías que amenazaban a la iglesia de Colosas no están directamente definidas, pero se pueden deducir de la carta misma. Estaba en duda la supremacía de Cristo (1.15-20; 2.8). Se estaban promulgando creencias en astrología y cosmología (2.16-23). Estas filosofías también tenían que ver con elementos de la naturaleza (2.8). Hasta aquí vemos elementos de las religiones paganas o creencias populares en el mundo grecorromano.

También se promulgaba el ascetismo religioso que era parte esencial del gnosticismo (término que viene de la palabra griega *gnosis* que significa «conocimiento»). Aunque el gnosticismo se desarrolló más ampliamente en el siglo II d. C., para el tiempo en que Pablo escribe las ideas gnósticas debieron estar presentes. El gnosticismo enfatizaba el conocimiento como medio de llevar a una persona a la salvación. Una de las creencias básicas del gnosticismo es que la materia es mala y el espíritu humano es bueno. El abstenerse de ciertas cosas e imponer restricciones sobre el cuerpo era una de las formas de vencer las limitaciones de la carne o la materia. El gnosticismo puede conducir a justificar la inmoralidad, ya que lo que es importante no es el cuerpo, sino el espíritu. Los gnósticos también creían en un sistema de mediadores entre la divinidad y los seres humanos. Entendían que los ángeles eran estos mediadores y por lo tanto había que adorarles. Pablo critica la adoración a los ángeles en su carta (2.18).

Además, Pablo menciona ciertas prácticas ascéticas como parte de las falsas enseñanzas. Se estaba enfatizando el guardar ciertos días, como el sábado (2.16), y ciertas prácticas sobre comida y bebida (2.16). Esta conducta ascética se daba dentro del paganismo y también era practicada por los judíos. Se puede decir pues que las falsas enseñanzas posiblemente eran una mezcla de paganismo e ideas gnósticas que circulaban por todo el mundo grecorromano, así como también de cierta forma de judaísmo místico. Recordemos que en el área del valle del río Lico había fuerte presencia judía.

Esta gama de falsas enseñanzas promovía en la iglesia de Colosas errores sobre los que Pablo trata en su carta. Entre éstos, tres de los principales son: 1) no reconocer la supremacía de Cristo, 2) el énfasis en el conocimiento y la sabiduría como vía para alcanzar los misterios ocultos, y 3) requerir una conducta ascética basada en esta mezcla de prácticas paganas, gnósticas, y judías. Pablo ataca directamente estas falsas ideas.

Bosquejo

La carta a los colosenses sigue el patrón de las cartas antiguas, como vemos en el siguiente bosquejo:

I. Introducción o apertura (1.1-14)
    A. Saludos (1.1-2)
    B. Acción de gracias y oración (1.3-14)
II. Cuerpo de la carta (1.15-4.6)
    A. La preeminencia de Cristo y su obra reconciliadora (1.15-23)
        1. Himno a Cristo (1.15-20)
        2. Aplicación de la obra reconciliadora de Cristo (1.21-23)
    B. El ministerio de Pablo y su preocupación por las iglesias (1.24-2.5)
    C. Exhortación a las personas creyentes a vivir arraigadas en la fe y a no ser engañadas por falsas enseñanzas y filosofías (2.6-23)
        1. La obra de Cristo y la persona creyente (2.6-15)
        2. Exhortación a no someterse a las falsas filosofías (2.16-23)
    D. El carácter de la vida cristiana (3.1-4.5)
        1. Llamados a poner la mirada en las cosas de arriba (3.1-4)
        2. Implicaciones éticas de la obra de Dios en la persona creyente (3.5-17)
        3. Las relaciones en la vida familiar y doméstica (3.18-4.1)
        4. Exhortación a perseverar en la oración y otras exhortaciones (4.2-6)
III. Cierre o despedida (4.7-18)

I. Introducción o apertura (1.1-14)

A. Saludos (1.1-2)

En la apertura de esta carta se sigue el patrón característico de las cartas paulinas y de otras cartas antiguas. Pablo incluye a Timoteo en su saludo (1.1). La inclusión de Timoteo pudiera deberse a que era compañero de Pablo y porque estaba con él al momento de escribir, ya que (a diferencia de la carta a los Filipenses) en esta carta Pablo no hace mención de tener planes de enviar a Timoteo. Pablo se identifica a sí mismo como «apóstol de Jesucristo por la voluntad de Dios» (1.1). Dado el caso de que Pablo no estableció esta iglesia, muy posiblemente saluda de esta forma para establecer desde el inicio de la carta su autoridad apostólica, más aun tomando en consideración las temáticas a tratar con los colosenses. La iglesia de Colosas debió de estar informada sobre el ministerio apostólico de Pablo, por haber sido él quien primero llevó la palabra a la región de Frigia.

El apóstol dirige su carta «a los santos y fieles hermanos en Cristo que están en Colosas» (1.1). Es característico de Pablo el referirse a sus destinatarios como «santos» (2 Co 1.1) o «llamados a ser santos» (Ro 1.7; 1 Co 1.2). Pero aquí Pablo añade otra descripción; les llama «fieles» (1.1). La mención de la fidelidad de los colosenses está directamente relacionada con el informe que ha recibido Pablo acerca de la fe y el crecimiento espiritual de los colosenses (1.4-6). Este identificarles como «fieles» también apunta hacia el llamado que llena toda la carta a no dejarse engañar por falsas doctrinas y filosofías. Más adelante, cuando habla de Epafras, dice que es «fiel ministro de Cristo» (1.7). De igual manera al referirse a otros de sus colaboradores, Tíquico y Onésimo, les llama «fiel ministro» (4.7) y «fiel hermano» (4.9), respectivamente. El identificar a otras personas de la iglesia como fieles refuerza ese llamado a no dejarse engañar, ya que sirven de ejemplo y motivación a los colosenses para mantener su fidelidad a Dios a pesar de las falsas doctrinas que están presentes en esas regiones.

Pablo también usa lenguaje familiar en su saludo al dirigirse a sus destinatarios como «hermanos en Cristo» (1.1). El uso de la metáfora de familia es característico de Pablo, ya que las personas creyentes son parte de una nueva familia en Cristo. Además, el uso del lenguaje familiar es muy valioso le da un toque personal a su carta, especialmente por ser dirigida a una iglesia a la cual él no conoce personalmente. Finalmente el saludo concluye deseándoles la «gracia y paz» de «Dios nuestro Padre y del Señor Jesucristo» (1.2), que es la forma normal en que Pablo saluda a sus lectores (como discutimos en la carta a los filipenses).

B. Acción de gracias y oración (1.3-14)

La carta continúa con una acción de gracias (1.3-8) y oración por los colosenses (1.9-14). Estas partes de la carta tienen la función de introducción (exordium). Pablo alude en esta introducción a los temas a tratar en el resto de la carta. A continuación presentamos estos temas, y comentamos brevemente sobre éstos y dónde los encontramos en otras parte de la carta. (Lo que aparece en letra negrita se refiere a la sección que estudiamos ahora, y las otras referencias señalan otros lugares de la epístola donde cada tema aparece).

1. El señorío y la obra de Cristo (1. 3, 13-14; 1.15-22; 2.9-15, 19; 3.1-3, 11)

Pablo menciona el tema del señorío y la obra de Cristo al inicio de su acción de gracias al referirse a Dios como «Padre de nuestro Señor Jesucristo» (1.3) —aunque ya en su saludo característico de desear gracia y paz lo había mencionado. Estratégicamente Pablo establece el señorío de Cristo desde el inicio de su carta, ya que es este el punto más importante a tratar. Recordemos que uno de los errores que las falsas enseñanzas promovían en la iglesia de Colosas era el no reconocer la supremacía de Cristo. Encontramos este tema nuevamente en la parte final del exordium, donde Pablo declara que Dios nos libró del poder de las tinieblas y nos trasladó «al reino de su amado Hijo, en quien tenemos redención por su sangre, el perdón de pecados» (1.13-14). La palabra «trasladar» conlleva la idea de un rey victorioso que traslada al pueblo conquistado a su reino. Aquí el reino es de Cristo. Es más común que Pablo hable del «reino de Dios» en sus cartas (Ro 14.17; 1 Co 6.9, 15.50; Gl 5.21), aunque en 1 Corintios 15.24-28 habla del reino de Cristo, que finalmente entregará al Padre. La base para este traslado al reino es la persona de Cristo y su obra redentora, no alguna filosofía. Es por esto que en los versículos que siguen a la introducción Pablo trata este tema ampliamente, al presentar un himno a Cristo que habla de su obra reconciliadora y de su preeminencia (1.15-20). Pablo vuelve a retomar el tema de la supremacía de Cristo en el capítulo 2 (2.9-15), después de amonestarlos para que no sean engañados con «filosofías y huecas sutilezas» (2.8). Asimismo, al presentarle a la iglesia una serie de exhortaciones éticas (3.5-4.1), las introduce primero haciendo un llamado a poner «la mira en las cosas de arriba» (3.1) y estableciendo nuevamente la preeminencia de Cristo y su obra en la persona creyente (3.1-4).

2. La fe, el amor y la esperanza en Cristo (1.4, 8; 1.23, 27; 2.5-6, 12; 3.4, 14, 24)

Pablo introduce los temas del amor, la fe y la esperanza en Cristo desde el inicio en su acción de gracias. Es característico en Pablo presentar estos tres elementos juntos (1 Co 13.13; Gl 5.5-6; Ef 4.2-5). Pablo conocía de la fe y el amor de esta iglesia. Recordemos que Epafras le ha informado sobre los colosenses (1.8). Nótese que esta fe es «en Cristo» (1.3). Esto habla de en quién está fundamentada la fe y de la verticalidad de esa fe. El amor es para «todos los santos» (1.4), lo que indica una relación horizontal. Se puede decir que la verticalidad de la persona creyente en su fe y relación con Dios le lleva a una respuesta práctica en su relación con las demás personas. Lo que causa este amor y fe en los colosenses es la esperanza que «está guardada en los cielos» (1.5). Esta frase denota seguridad de la gloria venidera. La esperanza es Cristo (1.27; 3.4) y está en los cielos porque Cristo está ahí a la diestra de Dios (3.1).

En el v. 4 Pablo vuelve a reconocer la fe de sus destinatarios. Aunque Pablo aplaude la fe y esperanza de los colosenses, más adelante les exhorta a permanecer firmes en ellas (1.23) y a vestirse de amor (3.14). Este llamado a la firmeza en la esperanza, fe y amor tiene relación directa con lo que amenaza a la iglesia. Posiblemente las falsas enseñanzas que estaban penetrando en la iglesia intentaban robar o negar estos aspectos del mensaje del evangelio, y Pablo quiere dejar claro que el evangelio centrado en Cristo da seguridad.

3. La palabra verdadera del evangelio (1.5; 1.23, 25; 3.16; 4.3)

La palabra verdadera del evangelio había llegado a los colosenses. Nótese que Pablo usa el adjetivo «verdadera» (1.5) para describir la palabra del evangelio. La idea veterotestamentaria de que los mandamientos de Dios son verdaderos (Sal 119.43, 142, 160) está presente aquí. El evangelio es el verdadero mensaje. Esto está en contraposición con las falsas doctrinas

[Anotaciones manuscritas en el margen superior:]
El mensaje hablado es nunca exactamente igual al mensaje escuchado
El aprendizaje nunca se da solo por hablar ni solo por escuchar. Sino siempre ocurre a raíz del intercambio de ideas y aporte entre el [locutor y el interlocutor]

y filosofías que amenazan a la iglesia. La «gracia de Dios en verdad» (1.6) que oyeron se refiere nuevamente a la palabra del evangelio. Observemos que esta gracia es «en verdad», repitiéndose la idea de que la palabra es verdadera. Los colosenses habían recibido esta palabra a través de Epafras, del cual Pablo dice que es «consiervo» y «ministro» (1.8). Estos términos son los que Pablo usa para referirse a sí mismo y a quienes trabajan con él. Al reconocer a Epafras de esta forma, confirma que el evangelio presentado por él a los colosenses tiene la aprobación apostólica, lo que implica a su vez tener la aprobación divina. Para Pablo es crítico que los colosenses entiendan que han recibido la palabra de verdad, ya que hay quienes quieren engañarles con enseñanzas falsas.

Por cuanto el evangelio es la palabra verdadera ha producido fruto en los colosenses. Pablo personifica esta palabra cuando dice que «lleva fruto y crece» (1.6) desde el día en que los colosenses la oyeron. Con la imagen agrícola de «llevar fruto», Pablo les muestra lo que ya ha ocurrido en sus vidas. Por lo tanto, cuando más adelante les inste a llevar fruto y seguir creciendo en el conocimiento de Dios (1.9-10; 2.2; 3.10), esta iglesia podrá comprender que esto es alcanzable por cuanto la palabra del evangelio ya está produciendo frutos en sus vidas. Aquí en Colosenses «llevar fruto» debe referirse al desarrollo de las virtudes cristianas (1.10), que es una de las formas en que Pablo usa esta imagen. El llevar fruto también puede referirse a traer otras personas al evangelio.

4. El crecimiento en el conocimiento de la gracia y voluntad de Dios, (1.6, 1.9-10; 1.27; 2.2; 3.10; 4.3-4), y en sabiduría e inteligencia espiritual (1.9; 1.28; 2.3, 19; 3.16; 4.5)

Los temas del conocimiento y la sabiduría espiritual aparecen repetidamente en esta carta. Precisamente porque Pablo está hablando acerca de personas que quieren engañar a la iglesia con conocimiento falso es que este tema es predominante. Pablo afirma lo que los colosenses ya tenían: habían conocido «la gracia de Dios en verdad» (1.6). Como hemos visto, esto lo dice en relación al evangelio (1.5). El mensaje que han recibido es el verdadero, y se centra en la gracia de Dios que es verdadera. Además, Pablo ora para que los colosenses puedan tener conocimiento, sabiduría e inteligencia (1.9-10). Frente al «conocimiento» de las falsas filosofías, Pablo habla del conocimiento de la voluntad de Dios y de sabiduría espiritual (no terrenal o humana).

Estos temas se repiten cuando habla de su ministerio (1.25-2.3; 4.3-4) y del crecimiento que da Dios al cuerpo (2.19). Además, el tema de la sabiduría lo encontramos nuevamente en las exhortaciones éticas (3.16; 4.5), y también el del conocimiento (3.10). El verdadero conocimiento y la verdadera sabiduría conducen a vivir como agrada a Dios. En el trasfondo veterotestamentario el conocimiento de Dios lleva a obedecer sus mandamientos. En el Antiguo Testamento el conocimiento y la sabiduría se relacionan con la obediencia práctica. Pablo afirma este mismo principio en su carta.

5. El andar como es digno del Señor (1.10; 2.6-8, 20-23; 3.1-4.1, 5)

El tema de andar como es digno del Señor es característico de Pablo (como vimos en la carta a los Filipenses), y en esta carta está directamente relacionado con los temas del conocimiento, la sabiduría y la inteligencia. Los vv. 1.9-10 indican que cuando hay este conocimiento y sabiduría es posible andar como es digno y así agradar al Señor. Este tema se repite cuando Pablo les llama a andar en el Señor «arraigados en él, sobreedificados en él y confirmados en la fe» (2.6-7). A su vez el agradar al Señor tiene implicaciones éticas. Es por esto que Pablo les da a sus destinatarios una serie de exhortaciones prácticas (3.5-4.1, 5).

6. El ser fortalecidos con poder (1.11; 1.29; 2.6)

Este tópico se presenta en el contexto del tema del conocimiento y sabiduría. Cuando hay conocimiento y sabiduría la persona creyente es fortalecida con poder, y esto «conforme a la potencia» (1.11) de la gloria de Dios. El conocimiento de la voluntad de Dios equipa con poder divino para vivir la vida cristiana. A su vez, el poder de Dios operando en la persona creyente le habilita para perseverar y tener paciencia y gozo (1.11-12), aún más en las circunstancias presentes de los colosenses y en su espera de la herencia por recibir (1.12). La frase la «herencia de los santos» (1.12) puede ser una referencia a la promesa a los israelitas de heredar la tierra prometida, y Pablo usa esta idea para hablar de la herencia en Cristo. También puede ser una metáfora de cuando al retirarse de sus labores, a los soldados romanos se les concedían terrenos por causa de la labor realizada. Dios concede una herencia no merecida o ganada, y esta herencia no es terrenal, sino celestial.

En esta introducción a la carta, Pablo presenta el tema de la fortaleza en el poder de Dios en oposición al poder de las tinieblas, del cual la persona creyente ha sido librada (1.13). Además, en el v. 1.29, al hablar de su ministerio, el apóstol afirma que él trabaja según la fuerza de Dios, quien actúa poderosamente en él, presentándose a sí mismo como ejemplo. Pablo quiere que los colosenses estén equipados y fortalecidos en Dios para enfrentar las falsas enseñanzas y para vivir la vida cristiana.

7. La liberación del poder de las tinieblas (1.13; 2.14-15; 3.5-9)

La temática de liberación del poder de las tinieblas se presenta en contraposición con la obra de Cristo (1.13). La obra de Dios no es sólo esperanza, sino que comienza con la liberación del dominio de las tinieblas. Esta liberación implica recibir redención y el perdón de pecados (1.14). Este tema se ve nuevamente cuando Pablo habla de la obra de Cristo (2.14-15) en el contexto de amonestación sobre las filosofías que estaban penetrando en la iglesia (2.8), y en el contexto de exhortaciones éticas cuando llama a los colosenses a hacer morir lo terrenal en sus vidas (3.5-10). El ser liberado del poder de las tinieblas debe afectar positivamente tanto el intelecto o conocimiento como la conducta.

8. El dar gracias (1.3; 1.12; 2.7; 3.15; 4.2)

Además de iniciar la introducción a la carta con una acción de gracias (1.3), Pablo menciona este tema nuevamente en otras cuatro ocasiones. En la misma introducción Pablo ora para que los colosenses puedan dar «gracias al Padre» por hacerles «participantes de la herencia de los santos en luz» (1.12). Es por esto que los colosenses deben tener una actitud de agradecimiento por la obra de Dios en sus vidas y por la herencia en Cristo que Dios les ha concedido. Más adelante, al exhortar a los colosenses a andar arraigados en Jesucristo, Pablo les insta a abundar en acciones de gracias (2.7). En la sección de exhortaciones éticas les pide que sean agradecidos (3.15), y casi finalizando su escrito les insta a perseverar en la oración con acción de gracias (4.2).

Podemos decir que los temas que Pablo presenta en esta introducción a su carta muestran la importancia de establecer claramente la preeminencia y el valor de la obra de Cristo, lo cual es fundamental para confrontar las filosofías y falsas doctrinas que amenazan a la iglesia. Pablo claramente habla de la palabra del evangelio y lo que ésta hace en la persona creyente, llevándole a crecer en conocimiento y sabiduría. Esto le ayuda a no dejarse engañar por enseñanzas falsas, a vivir la vida cristiana como es digno, y a tener fortaleza en el poder de Dios. Vemos cómo estratégicamente el apóstol introduce los temas a tratar y cómo estos están directamente relacionados con su preocupación por la iglesia y sus necesidades.

II. Cuerpo de la carta (1.15-4.6)

A. *La preeminencia de Cristo y su obra reconciliadora (1.15-23)*
1. Himno a Cristo (1.15-20)

El primer tema que Pablo trata después de la introducción es la preeminencia de Cristo. Cristo es el punto central en este himno. Las bases para toda la defensa que Pablo hace en su carta están en Cristo y en su obra. Pablo quiere dejar claro quién es Cristo y lo que él ha hecho por el ser humano. Para esto incluye en su carta un himno que muy posiblemente sea prepaulino. Este himno se puede dividir en dos partes. En la primera presenta la preeminencia de Cristo como «la imagen del Dios invisible» y «el primogénito de toda creación» (1.15-17). En la segunda parte lo presenta como «el principio» y «el primogénito de entre los muertos» (1.18-20). La primera parte explica la preeminencia de Cristo en relación a la creación, y la segunda en relación a la obra de redención.

La primogenitura de Cristo sobre la creación es la primera declaración de este himno que muestra la preeminencia de Cristo. Esto se afirma al iniciar el himno diciendo que Cristo es «la imagen del Dios invisible, el primogénito de toda creación» (1.15). Algo característico de Pablo es el reconocer la preeminencia, supremacía y señorío de Cristo, así como la obra y persona del Dios Padre. Aquí la preeminencia de Cristo no quita el lugar de Dios Padre, sino que más bien es Cristo la imagen de Dios. Pareciera contradictorio decir que Cristo es «imagen» de un Dios «invisible». Lo que se nos está diciendo es que Cristo es la manifestación visible de un Dios invisible en el mundo de la raza humana. En 1 Corintios Pablo utiliza la palabra «imagen» para referirse a Cristo exaltado cuando contrapone al primer Adán, que es terrenal, con el postrer Adán, Cristo, que es celestial (1 Co 15.46, 49). Además, en 2 Corintios se refiere a Cristo como «la imagen de Dios» cuando habla de «la gloria de Cristo» (2 Co 4.4).

El v. 15 también establece que Cristo es «el primogénito de toda creación» (1.15b). Esto no significa que Cristo fue creado antes de todas las demás cosas y seres creados. Más bien significa que Cristo existía antes de toda la creación (como veremos en los vv. 16 y 17). La forma en que Pablo desarrolla la preeminencia de Cristo sobre la creación es similar al concepto hebreo de la sabiduría personificada que es preexistente y está presente en la creación (Pr 8.22-30).

Este himno también declara que en Cristo fueron creadas todas las cosas en el cielo y en la tierra, sean visibles o invisibles (1.16). Es bueno recordar que los gnósticos creían que Dios no era el creador del mundo, sino que éste fue hecho por ciertas emanaciones salidas de Dios. Pablo está estableciendo que Cristo es primogénito en la creación. La frase «todo fue creado por medio de él y para él» (1.16) no deja nada fuera del dominio de Cristo (véase también 1 Co 8.7). Se establece asimismo que Cristo está sobre todo trono, dominio, principado y potestades. Este sistema de poderes puede relacionarse con las ideas gnósticas, según la cuales los ángeles son intermediarios entre Dios y los seres humanos y se clasifican en rangos. También puede relacionarse con ideas judías sobre los ángeles y sus diferentes rangos. Pablo deja claro que Cristo no es un poder celestial más; es el creador y tiene dominio sobre todo ser celestial. En la carta a los Efesios encontramos esta misma idea al hablar del lugar que ocupa Cristo en los lugares celestiales sobre «todo principado y autoridad, poder y señorío» (Ef 1.21). Colosenses también indica que Cristo tiene domino sobre todo reino y poder en la tierra, ya que en el contexto habla de todo lo creado en el cielo y en la tierra. En la introducción de la carta Pablo había tocado la temática del reino de Cristo en relación a la obra redentora en el ser humano (1.13). Ahora vuelve a tocar el tema al establecer la supremacía y dominio de Cristo sobre toda la creación. Este es el reino al cual las personas creyentes hemos sido trasladadas (1.13).

El v. 17 resume lo que se ha dicho antes. La preexistencia de Cristo se vuelve a afirmar al declarar que «él es antes que todas las cosas». De igual manera se afirma su dominio como creador cuando dice que «todas las cosas en él subsisten».

En los vv. 18-20 vemos la preeminencia de Cristo en relación a la obra redentora. Dentro de lo que es la preeminencia de Cristo sobre todas las cosas, este himno incluye su señorío sobre la iglesia. Cristo es la cabeza y la iglesia es su cuerpo (1.18). Pablo usa en sus escritos la metáfora del cuerpo para referirse la iglesia (1 Co 12.27) y de la cabeza y el cuerpo para hablar de la relación entre Cristo y la iglesia. Esto último se ve especialmente en la carta a los Efesios (Ef 1.21-23; 4.15; 5.23). La carta a los Efesios y Colosenses se conocen como cartas gemelas por la semejanza de temas y contenido. El término «cabeza» denota la autoridad y gobierno de Cristo sobre el cuerpo, que es la iglesia. En esta carta esta imagen se encuentra más adelante en varias ocasiones.

En el himno, la primogenitura de Cristo entre los muertos (la segunda declaración principal que prueba la preeminencia de Cristo) está ligada directamente a la posición y relación de Cristo con la iglesia. Esto es así ya que es a través de su entrega, muerte en la cruz y resurrección de entre los muertos, que Cristo viene a ser cabeza de la iglesia. La frase «el primogénito de entre los muertos» (1.19) implica que Jesús vivió, murió y resucitó. Esto es, el himno afirma la humanidad de Jesús, así como su divinidad. La creencia de los gnósticos de que la materia es mala y el espíritu es bueno implicaría que Jesús, si era el hijo de Dios, no tuvo un cuerpo humano. Para los gnósticos Jesús no tuvo cuerpo, era un ser espiritual. Pablo defiende la persona y obra de Cristo afirmando su humanidad, ya que con su muerte y entrega en la cruz derramó su sangre como humano. Además afirma su divinidad, ya que es el «primogénito entre los muertos» (1.18) porque resucitó. En Romanos Pablo dice que Cristo «fue declarado Hijo de Dios con poder, según el Espíritu de santidad, por su resurrección de entre los muertos» (Ro 1.4).

Nuevamente vemos en los vv. 19 al 20 cómo se reconoce la preeminencia de Cristo, pero ésta a su vez está sujeta a la obra y persona de Dios Padre. Aquí la preeminencia de Cristo no quita el lugar del Padre. De hecho, desde el saludo, Pablo introduce el señorío de Cristo dando gracias al Padre (1.3). Es al Padre a quien le agrada y quien determina que en Cristo «habitara toda la plenitud» (1.19). Esta plenitud se refiere a la plenitud de Dios, ya que en el capítulo 2 se declara que en Cristo «habita corporalmente toda la plenitud de la divinidad» (2.9). Esto significa que en Cristo habita la totalidad de Dios. Esto es contrario a las creencias gnósticas de que la divinidad estaba compuesta de ciertas emanaciones.

Estas emanaciones estaban en escala jerárquica, y todas juntas venían a ser la totalidad de la divinidad. Pablo les hace entender a los colosenses que Cristo no es una emanación de Dios, sino la totalidad misma de Dios. La plenitud puede referirse a que así como nada queda fuera de la presencia de Dios (en los cielos y en la tierra), en el caso de Cristo nada queda fuera de su presencia. Además la plenitud puede referirse a los atributos de Dios.

Dios también determinó, por medio de Cristo, «reconciliar consigo todas las cosas» (1.20), tanto en el cielo como en la tierra. Dios hace la paz con la reconciliación por medio de la sangre de Cristo derramada en la cruz. El pacto veterotestamentario establecía el sacrificio y derramamiento de sangre para el perdón de pecados. Esta era la única forma que los israelitas podían estar en paz con Dios. Ahora Dios decide establecer la paz a través de la obra de Cristo. Esta misma idea está presente en 1 Corintios, cuando Pablo dice que «Dios estaba en Cristo reconciliando consigo al mundo» (1 Co 5.19). Pero la obra de Cristo no sólo implica la reconciliación del ser humano con Dios, sino también de «todas las cosas, así las que están en la tierra como las que están en los cielos» (1.20). En la carta a los Efesios vemos la misma idea cuando dice que Dios «sometió todas las cosas debajo de sus pies [los de Cristo], y lo dio por cabeza sobre todas las cosas a la iglesia» (Ef 1.22). El estar plenamente consciente de la obra reconciliadora de Cristo y sus implicaciones ayuda a vivir la vida cristiana en firmeza, por cuanto el fundamento de todo es Cristo. Es por esto que Pablo quiere dejar establecida la obra de Cristo y lo que él es, para que así los colosenses puedan enfrentar las doctrinas y filosofías que se estaban introduciendo en la iglesia.

Pablo utiliza magistralmente este himno para establecer la preeminencia de Cristo en la creación y en la obra redentora, su autoridad y señorío sobre la iglesia, así como las implicaciones de la obra reconciliadora de Cristo. Luego pasa a hablar de esas implicaciones de la obra de Cristo para con los colosenses.

2. Aplicación de la obra reconciliadora de Cristo (1.21-23)

La reconciliación que Dios hizo a través de Cristo ha alcanzado a los colosenses. Pablo menciona lo que eran antes, «extraños y enemigos» (1.21), por sus pensamientos y por sus malas obras, en contraposición con lo que son ahora, personas que han sido reconciliadas con Dios

(1.21). Dios proveyó reconciliación para todos los seres humanos que antes eran «extraños y enemigos». Nótese que este ser enemigos tiene que ver con lo interno de la persona (pensamientos) y con sus acciones (malas obras). Lo que hay en el interior de una persona es lo que le lleva a actuar. Cuando se piensa y actúa en contra de los principios divinos se es enemigo de Dios, pero Dios proveyó reconciliación en el «cuerpo de carne» (1.22) de Cristo. Pablo deja claro que esta reconciliación fue hecha posible por Cristo al entregar su cuerpo y morir. Recordemos que las ideas gnósticas presentes en ese tiempo negaban que Jesús tuviera cuerpo. Pablo está dirigiéndose al punto clara y específicamente. Es por causa de que Cristo entregó su cuerpo que ahora los colosenses pueden ser presentados «santos y sin mancha e irreprochables delante de él» (1.22). Pablo utiliza la idea del sacrificio en el Antiguo Testamento, donde se presentaba la ofrenda de animales sin defectos (Nm 6.14). Además utiliza un término legal, «irreprochables», que se usaba para decir que una persona estaba libre de acusaciones. Nótese que ahora la reconciliación lleva a la persona creyente a ser y a actuar conforme a lo que es en Cristo. Antes había enemistad por causa de los pensamientos y acciones. Ahora el estar reconciliados debe llevar a la santidad y a actuar irreprochablemente. La santidad no es un estado contemplativo, sino que debe llevarnos a actuar y conducirnos en armonía con los principios divinos.

Por cuanto los colosenses han recibido el beneficio de ser reconciliados con Dios, necesitan permanecer «fundados y firmes en la fe» (1.23). Es característico en los escritos de Pablo el reconocer la parte que hace Dios (en este caso, la reconciliación), pero también exhortar o hablar de la parte que le corresponde hacer a la persona creyente (permanecer en la fe). Se vuelve a repetir la idea de estar «fundados y firmes» al llamarles a no moverse «de la esperanza del evangelio» (1.23) que han oído. Vemos que Pablo retoma la temática de la esperanza, ya mencionada en la introducción (1.5). Los fundamentos de la vida cristiana están en la palabra del evangelio que los colosenses han recibido. Dadas las falsas filosofías y creencias que amenazan a la iglesia, Pablo va al punto exhortándoles a mantener los fundamentos y la firmeza en la fe que conducen a alcanzar la esperanza o gloria venidera. Pablo continúa diciendo que este evangelio «se predica en toda la creación que está debajo del cielo» (1.23). La idea de inclusión de toda la creación, en particular la que está debajo del cielo (la tierra), ahora la aplica a la predicación del evangelio para presentar la universalidad del mismo. Finaliza esta sección declarando que él fue hecho ministro de este evangelio (1.23), temática de la cual va a continuar hablando en los versículos siguientes (1.24-2.5) y que trataremos en la próxima sección.

B. El ministerio de Pablo y su preocupación por las iglesias (1.24-2.5)

En esta sección Pablo habla de su ministerio y sus implicaciones. Pablo debe estar estableciendo su autoridad apostólica, ya que esta iglesia no fue fundada por él, aunque a través de Epafras conocían sobre su apostolado. Nótese ante todo que dice que el ministerio conlleva padecimientos por la iglesia del Señor. Al introducir la temática de padecer por la iglesia Pablo habla en tiempo presente: «ahora me gozo en lo que padezco por vosotros» (1.24). Esto parece apuntar a que Pablo está preso al tiempo que escribe esta carta (4.3). El hecho de que Pablo dice que padece «por vosotros» (los colosenses) es una forma de identificación con esta iglesia que no conoce en persona. Los colosenses eran de interés para Pablo y les cuenta como parte de su ministerio. Esto también nos habla del entendimiento que tenía Pablo de que su ministerio alcanzaba aun a aquellos que no conocía en persona, pues sus sufrimientos eran parte de su misión con los gentiles y a las iglesias del Señor. Nótese que (al igual que en Filipenses) habla de gozarse en medio del padecer, en este caso por la iglesia. La expresión «lo que falta de las aflicciones de Cristo» (1.24) no significa que el sacrificio de Cristo esté incompleto, sino que se refiere a los padecimientos del apóstol por causa de la iglesia y al entendimiento que tiene Pablo de que la persona creyente está expuesta a sufrir por Cristo (Ro 8.17; Flp 1.29).

Lo segundo que vemos es que Pablo está claro en su identidad como ministro. Observemos que antes de hablar de su autoridad apostólica ha hablado de sus padecimientos por la iglesia. Esto le da fuerza a lo que va a decir ahora sobre su ministerio. Dice que fue «hecho ministro» de la iglesia (1.25), idea que ya había introducido en el v. 1.23. La palabra griega que usa en ambos versículos (1.23, 25) es *diakonos*, que significa alguien que sirve. Pablo entiende claramente la naturaleza de su ministerio, su llamado es a servir. Pablo no se hizo o se constituyó a sí mismo ministro; Dios lo hizo, y le fue dado de Dios (véase también Efesios 3.7). La frase «según la administración de Dios» (1.25), que describe el ser hecho ministro, significa «según el oficio divino» (RVA). La palabra griega usada aquí puede significar la posición de administrador o el ejercicio de un oficio. Creemos que el apóstol debe estar usando la palabra «administración» en el sentido del oficio que Dios le llamó a ejercer (véase también Ef 3.2.). En la carta a los corintios Pablo también habla de que los apóstoles son «administradores de los misterios de Dios» (1 Co 4.1). Pablo fue hecho ministro para que «anuncie cumplidamente la palabra de Dios» (1.25). Él tiene plena conciencia de que debe cumplir con su ministerio de proclamación del evangelio. Aprendemos de Pablo que lo que debe motivar a una persona a esforzarse en sus labores ministeriales es su compromiso y conciencia del oficio divino, al cual ha sido llamada.

En tercer lugar, observamos que el apóstol conoce la palabra que predica en el ejercicio de su ministerio. Dice que esta palabra es «el misterio que había estado oculto desde los siglos y edades» (1.26). Nótese que al igual que en 1 Corintios (4.1), aquí Pablo es administrador del misterio de Dios. La palabra «misterio» significa algo que sólo puede ser conocido por revelación. Este misterio «había estado oculto», pero «ahora ha sido manifestado a sus santos» (1.26; véase también Ro 16.25). Dios fue quien quiso «dar a conocer las riquezas de la gloria de este misterio entre los gentiles» (1.27). Nuevamente se ve el uso de la palabra «conocer». Con esto Pablo vuelve a tocar el tema del conocimiento, ya presentado en la introducción de la carta. Este misterio se ha dado a conocer entre los gentiles. Recordemos que Pablo es apóstol de los gentiles (Hch 22.21; Ro 11.13: 15.16), y que está escribiéndole a una iglesia predominantemente gentil. Pablo especifica lo que es el misterio: «es Cristo en vosotros, esperanza de gloria» (1.27). Este misterio es el propósito de Dios de dar salvación a los gentiles a través de Cristo. En contraste con las religiones griegas llamadas «misteriosas», que daban a conocer sus secretos sólo a quienes se iniciaban en ellas, Pablo declara que este misterio no es para unas pocas personas, sino para todo ser humano que cree en Cristo (1.28).

En cuarto lugar, Pablo habla de la naturaleza de su ministerio. Su ministerio conlleva anunciar el evangelio, «amonestando a todo hombre y enseñando a todo hombre en toda sabiduría, a fin de presentar perfecto en Cristo Jesús a todo hombre» (1.28). La palabra que usa Pablo para «perfecto» es *teleios*, que significa maduro. Para lograr conducir a una persona hacia la madurez son necesarias la proclamación de la palabra y de la obra de Cristo (anunciar a Cristo), la amonestación y la enseñanza. La amonestación (que es un término pedagógico en los escritos de

Pablo) ayuda en la formación del carácter cristiano. Cuando se necesita amonestación por implicación se entiende que hay cierta dificultad en la conducta o actitud de una persona. La enseñanza o instrucción también es esencial en el ministerio de Pablo. El apóstol especifica que su enseñanza es en «toda sabiduría» (1.28). Recordemos que en la introducción de la carta había orado para que los colosenses fuesen llenos del conocimiento de la voluntad de Dios en «toda sabiduría» (1.9). En oposición a las falsas filosofías, la palabra que enseña Pablo es sabiduría de Dios (1 Co 1.18-21; 2.6-7).

El ministerio de Pablo no sólo se propone anunciar el evangelio, sino conducir a la persona creyente hacia la madurez. La amonestación y la enseñanza son herramientas que ayudan a lograr este propósito. Vemos también que Pablo enfatiza la universalidad del evangelio con la repetición, tres veces, de la frase «a todo hombre» (1.28). La madurez espiritual no está disponible sólo para unas pocas personas creyentes, sino para todas.

En quinto lugar, Pablo describe su trabajar en el Señor como una lucha conforme a la fuerza de Dios en él (1.29). Aquí el apóstol hace uso de la imagen de los juegos atléticos romanos, donde los atletas ponían todo su empeño y esfuerzo para ganar (1 Co 9.24-25.). Se puede decir que dada la convicción —en cuanto al oficio divino— que le había sido conferido por Dios, y que ha descrito en los versículos anteriores (1.24-28), Pablo pone todas sus energías y esfuerzos en cumplir con la encomienda de Dios. La obra del ministerio, sea cual fuere, requiere esfuerzo y energías. El apóstol Pablo nos sirve como modelo de una persona que procuraba diligentemente trabajar con esfuerzo, entrega, y en dependencia de la fuerza divina que le ayudaba a cumplir con su misión.

Pablo trata sobre este tema en el ministerio en el v. 1.28, en relación a «todo hombre» en general, pero en los versículos siguientes (2.1-5) lo aborda en específico en relación a los colosenses y otras iglesias, como veremos a continuación.

Pablo habla más específicamente de sus luchas por los colosenses y los laodicenses, así como por otras iglesias que él no ha conocido, y continúa usando la imagen de los juegos atléticos (2.1). La inclusión de «los que están en Laodicea» debe ser porque Pablo quiere que su carta sea leída también en Laodicea (4.16). Describe su lucha como «grande» (2.1) y presenta dos propósitos principales de este luchar: que los colosenses sean consolados y que en unión y amor alcancen pleno conocimiento de Dios (2.1). En los vv. 2.2-3 vuelve a traer los temas del conocimiento, la sabiduría y el misterio de Dios. Ahora el misterio se describe como «el misterio de Dios el Padre y de Cristo» (2.2). Además se declara que en Cristo «están escondidos todos los tesoros de la sabiduría y del conocimiento» (2.3). Vemos aquí la idea veterotestamentaria que considera la sabiduría como riqueza (Pr 3.13-15; Sal 19.10). Al describir la sabiduría y el conocimiento como «tesoros», Pablo está motivando a sus destinatarios a comprender lo que tienen en Cristo, para llevarles a una convicción y seguridad que les conduzcan a vivir conforme a lo que ya Dios les ha dado (como más adelante les va a indicar en el v. 6). A su vez, les está diciendo que sólo en Cristo se encuentran la verdadera sabiduría y el verdadero conocimiento —y por implicación no en las falsas filosofías.

En el v. 2.4 aclara el porqué de lo que ha dicho en los versículos anteriores (2.2-3). El propósito es que los colosenses no sean engañados por ninguna persona que intente hacerlo por medio de palabras persuasivas, ya que Pablo no está presente en esta iglesia. El apóstol se goza al conocer de la firmeza de la fe de las personas creyentes de Colosas. Al alabar la fe de los colosenses, luego de su advertencia sobre el engaño, Pablo está afirmándoles en cuanto a lo que ya han alcanzado. Esa misma firmeza en la fe les ayudará a no ser engañados.

La persona creyente debe procurar caminar progresivamente hacia la madurez, hacia el conocimiento de Cristo. Debe a su vez afirmar lo que ya tiene en Cristo y vivir conforme a lo ya alcanzado, no dejándose mover por doctrinas o ideas filosóficas contemporáneas que afectan a la iglesia de nuestros tiempos.

C. Exhortación a las personas creyentes a vivir arraigadas en la fe y a no ser engañadas por falsas enseñanzas y filosofías (2.6-23)

1. La obra de Cristo y la persona creyente (2.6-15)

El crecimiento para Pablo tiene que estar fundamentado en una base sólida. Es por eso que en los vv. 6 y 7, al exhortarles a «andar en él [Cristo]», usa dos imágenes. La primera es una imagen agrícola, estar «arraigados» (2.7), que denota el árbol que está bien adherido por sus raíces. La persona creyente debe estar arraigada en Cristo. Él es el terreno en el cual debemos echar raíces y crecer. La segunda es una imagen de construcción, estar «sobreedificados» (2.7), que implica que se ha colocado un fundamento sólido y sobre éste se edifica. Al usar ambas imágenes, el apóstol presenta un cuadro claro de la solidez sobre la cual debe estar fundamentada la vida cristiana. Además, Pablo dice que el andar en Cristo también tiene que ver con estar «confirmados en la fe» (2.7). Aquí Pablo usa un término legal que se usaba para cuando se ratificaba un contrato. Esta imagen también sugiere solidez. Los colosenses ya han sido ratificados en la fe y deben procurar seguir lo que se les había enseñado (2.6, 7). Además, el andar en Cristo implica tener agradecimiento por todo lo que Dios ha hecho, ya que Pablo les dice que deben abundar en «acciones de gracias» (2.7) —nota característica del apóstol en esta carta (1.12; 3.16; 4.2) y en sus otros escritos.

El andar en Cristo implica cercanía y comunión con Cristo. No es cumplir someramente con los principios y preceptos divinos. La persona creyente debe vivir con plena conciencia de los fundamentos que sostienen la vida cristiana, así como seguir echando raíces y edificando su vida en Cristo.

En contraposición a esta imagen de construcción sólida y de estar arraigados en Cristo están las «filosofías y huecas sutilezas» (2.8) cuyas bases o fundamentos son las tradiciones humanas, no el mensaje del evangelio. Estas filosofías están basadas en «los elementos del mundo, y no según Cristo» (2.8). Al mencionar los «elementos del mundo», Pablo puede estar hablando de las fuerzas de los espíritus que supuestamente controlaban las estrellas y el destino de los seres humanos. Está diciendo que estos elementos son opuestos a Cristo. También puede referirse a la idea de una jerarquía de ángeles mediadores entre Dios y los seres humanos. Esta idea también es opuesta a Cristo, ya que él tiene la supremacía y preeminencia en el cielo y en la tierra, y es el único mediador entre Dios y los seres humanos. Dijimos anteriormente que la falsas filosofías pudieran ser una mezcla de paganismo e ideas gnósticas que circulaban por el mundo grecorromano, así como ciertas prácticas judías. Pablo les advierte a no ser engañados por estas filosofías y a estar alerta o en guardia.

A esta advertencia contra las falsas filosofías le siguen varias declaraciones sobre la obra de Cristo en la persona creyente (2.9-15). Con esto Pablo se propone nuevamente afirmar a los colosenses en cuanto a lo que ya tienen en Cristo. Algunos de los temas ya tratados anteriormente en la carta vuelven a aparecer en esta sección.

En primer lugar declara que en Cristo «habita corporalmente toda la plenitud de la divinidad» (2.9). Este tema está presente en el himno (1.18-19), pero aquí Pablo está usando una expresión diferente en su aseveración, «corporalmente» (2.9). Pablo afirma que la plenitud de Dios no sólo habita en Cristo, sino que habita «corporalmente»; esto es, que habita en uno que fue encarnado. Con esto Pablo está atacando cualquier idea que niegue la humanidad de Cristo, especialmente las ideas gnósticas.

En segundo lugar, el apóstol dice que los colosenses están «completos» (2.10) en Cristo. Ahora lo que Pablo ha dicho acerca la plenitud de la divinidad que habita en Cristo se lo aplica a los colosenses. A través de Cristo los colosenses están ligados a la plenitud de la divinidad, y por lo tanto están completos en Cristo, ya que Cristo es «la cabeza de todo principado y potestad» (2.10), así como de la iglesia. El que Cristo es cabeza de todo principado y potestad ya Pablo lo había afirmado en el himno (1.16), aunque había usado el término «cabeza» sólo para referirse a Cristo en su relación con la iglesia (1.18). Los colosenses no necesitan ninguna filosofía errada, o cumplir con sus prácticas o demandas, porque en Cristo están «completos». De la misma forma, en el tiempo presente las personas creyentes no estamos faltos de nada en nuestra relación con Cristo, ya que estamos completos en él. No debemos permitir que filosofías o corrientes de doctrinas contrarias a la palabra de Dios se cuelen o entren en nuestras vidas y en la vida de la iglesia.

Lo tercero que Pablo menciona es que los colosenses fueron circuncidados con la circuncisión de Cristo. Con esto Pablo sigue enfatizando la total suficiencia de la obra de Cristo. La circuncisión en el Antiguo Testamento era el ritual de entrada al pacto de Dios con Israel, y era una circuncisión «en la carne» (Gn 17.11). La circuncisión a que se refiere Pablo es espiritual, «no hecha con mano de hombre» (2.11). Pablo presenta esta misma idea en la carta a los romanos, donde habla de la circuncisión no de la carne sino del espíritu, del corazón (Ro 2.28-29). Lo que Pablo hace es tomar un rito veterotestamentario para traer una verdad espiritual. En esta circuncisión espiritual somos «despojados» (2.11) de la naturaleza pecaminosa. Este ser «despojados» es una metáfora que lleva la idea de quien se quita una vestimenta. Al venir a Cristo la persona creyente rompe y se despoja de toda condición pecaminosa de la vida pasada.

En cuarto lugar, Pablo introduce la temática del bautismo, y con esto nuevamente enfatiza la suficiencia de la obra de Cristo. En el bautismo los colosenses fueron «sepultados» y «resucitados» (2.12) con Cristo, esto «por la fe en el poder de Dios que le levantó de los muertos» (2.1). A través de la fe es que la persona comienza una nueva vida en Cristo, siendo el bautismo el acto que representa el morir y resucitar con Cristo. Pablo apela al bautismo que los colosenses ya conocían para hablar de los fundamentos de la obra de Cristo que sostienen la fe cristiana.

En quinto lugar, en los vv. 13 al 14 el apóstol habla de la condición en que estaban los colosenses antes de venir a Cristo, y lo que Dios hizo. En el v. 13 retoma el tema de la circuncisión al decirles que antes de venir a Cristo estaban «muertos en pecado en la incircuncisión de vuestra carne». Pablo está hablando de una incircuncisión espiritual, pero esto también puede denotar que sus destinatarios eran primordialmente gentiles. Aun estando en esta condición, Dios les proveyó (a través de Cristo) vida y perdón de pecados.

El apóstol abunda en su explicación acerca del perdón de pecados con la metáfora de anulación del «acta de los decretos» (2.14). El acta de los decretos era un contrato legal firmado por la persona deudora en el que se certificaban la deuda y sus implicaciones legales. Esta acta da testimonio contra nosotros, pero Cristo la anuló con su obra en la cruz. La palabra griega que Pablo utiliza para «anular» significa lavar totalmente; tiene el sentido de quitar o eliminar. Aquí vemos la idea veterotestamentaria de borrar los pecados (Sal 51.1, 9; Is 43.25). Cristo canceló por nosotros nuestras deudas tomando el acta y «clavándola en la cruz» (1.14). Canceló el certificado legal que nos hacía deudores.

Este «clavar en la cruz» tiene la connotación de victoria, como indica el versículo siguiente (2.15). Pablo sigue su argumentación declarando que Cristo en la cruz «despojó a los principados y a las autoridades y los exhibió públicamente, triunfando sobre ellos en la cruz» (2.15). Aquí el apóstol usa la imagen de las paradas romanas. Cuando se conquistaba un pueblo se celebraba la victoria públicamente, y se exhibía a los enemigos conquistados desfilando por las calles antes de ser ejecutados. Pablo nos está diciendo que Cristo ya triunfó sobre todo principado y potestad. La cruz fue el lugar de la victoria de Cristo y donde estos principados y autoridades fueron expuestos públicamente. Por lo tanto los colosenses también tienen victoria en Cristo y no tienen que preocuparse por ningún poder espiritual, ya que Cristo es quien reina y gobierna en el cielo y en la tierra.

En esta sección (2.8-15) Pablo ha dejado claro que lo que los colosenses eran antes de conocer a Cristo quedó atrás, y que a través de Cristo tienen en el presente la victoria. Con esto el apóstol sigue enfatizando la suficiencia de la obra de Cristo y que los colosenses están completos en él. Ninguna filosofía debe opacar estas verdades. En los vv. 2.16-23 Pablo va a retomar el tema de las falsas filosofías, dando una serie de especificaciones sobre las mismas.

2. Exhortación a no someterse a las falsas filosofías (2.16-23)

Esta sección contiene una serie de amonestaciones donde se mencionan algunas de las prácticas de las falsas filosofías. «Por tanto» (2.16) son las palabras con que Pablo inicia este versículo, implicando que lo que ha dicho antes es base para lo que va a decir ahora. Por cuanto Cristo venció en la cruz sobre todo principado y autoridad, los colosenses no deben permitir que se les impongan ciertos rituales o prácticas que son contrarios a Cristo.

Lo primero que les dice es que no permitan que se les critique en asuntos de alimentos —qué comer o beber— y en cuanto a guardar ciertos días (2.16). Estas son prácticas ascéticas. Tanto las religiones paganas como los judíos practicaban este tipo de ascetismo. Recordemos nuevamente que muy posiblemente las falsas filosofías eran una amalgama de creencias y prácticas del paganismo, del gnosticismo, y de cierta forma del judaísmo místico. Si Pablo se refiere aquí a prácticas judías, no las está presentando en relación a la ley de Moisés, sino en relación a aquellas personas que procuraban alcanzar conocimiento y madurez a través de estas prácticas ascéticas y procurando entender los misterios. Pablo dice que quienes procuran estas prácticas están buscando la sombra de lo que ha de venir, no el cuerpo que es lo real: el cuerpo es de Cristo (2.17). Cristo es la plenitud de la divinidad y tiene toda la preeminencia; por lo tanto la sombra ya no tiene validez. Esto es, estas prácticas no tienen valor alguno.

Lo segundo que enfatiza es que los colosenses no deben dejarse privar de su premio por quienes hacen alarde de humildad y dan culto a los ángeles (2.18). Los colosenses tienen un premio ya ganado, y Pablo les advierte para que no pierdan lo que tienen. Nuevamente trae la temática del culto a criaturas celestiales, que es opuesto a la doctrina del evangelio. Estas personas se meten en lo que no han visto, son vanidosas en su propia mente carnal (2.18), pero aparentan humildad. Lo que tratan de enseñar o hacer creer a los colosenses es producto de su propia mente, de su propia sabiduría. Posiblemente «lo que no han visto» (2.18) se refiere a cierto tipo de misticismo que procuraba adquirir conocimiento de los misterios divinos a través de revelaciones o visiones. Sin embargo, Pablo dice enfáticamente que estas personas realmente no han tenido tales revelaciones, sino que todo es producto de su propia mente. Además, estas personas no están unidas a la cabeza de la iglesia, que es Cristo (2.19). Pablo establece que la forma de alcanzar crecimiento es estando en unión con la cabeza, así como el cuerpo humano crece al nutrirse y está unido por las coyunturas y ligamentos. Aquí vuelve a utilizar la imagen del cuerpo humano para traer una verdad espiritual. Este crecimiento lo da Dios (2.19). Al no estar unidas a la cabeza, estas personas no tienen crecimiento o madurez, y pueden llevar a los colosenses a no alcanzar su premio, a ser descalificados. El apóstol les advierte sobre esto.

En el v. 20 Pablo les sigue amonestando a no someterse a las falsas filosofías y sus prácticas ascéticas. La razón para esto es que ya los colosenses «han muerto con Cristo en cuanto a los rudimentos del mundo» (2.20). El apóstol vuelve a reafirmar lo que había dicho en el v. 11 al hablar sobre el bautismo, sobre cómo la persona creyente es sepultada con Cristo, y las implicaciones del morir con Cristo (2.13-15). También les ha exhortado a no dejarse engañar por filosofías conforme a los «elementos del mundo» (2.8) —temática que vuelve a mencionar en el v. 20. Al morir con Cristo, los colosenses están libres de someterse a cualquier poder, principado, o fuerza espiritual, pues ya Cristo venció esos poderes (2.15). A su vez están libres de cualquier precepto o práctica que estas filosofías demanden (2.20-21). Pablo describe estos preceptos como «mandamientos y doctrinas de hombres» (2.22), que son perecederos. Con esto afirma lo que antes había dicho, que estas filosofías están «basadas en las tradiciones de los hombres» (2.8).

Pablo continúa describiendo estas prácticas diciendo que tienen «cierta reputación de sabiduría» (2.23), ya que demandan cierta «religiosidad, humildad, y duro trato del cuerpo» (2.23). En muchas filosofías del mundo antiguo se consideraba sabia una persona que podía maltratar su cuerpo para dominar las pasiones, y que sabía disciplinarse a sí misma o tener dominio propio. Pablo está diciendo que, en relación a los apetitos de la carne, el valor de estos preceptos o prácticas es nulo. El abstenerse de ciertas cosas para procurar revelaciones místicas, esotéricas u ocultas no tiene ningún resultado. Estos preceptos no son mandamientos divinos sino humanos, y están en contraposición con las enseñanzas que los colosenses han aprendido y con la palabra del evangelio que Pablo predica por encomienda divina.

D. El carácter de la vida cristiana (3.1-4.5)
1. Llamados a poner la mirada en las cosas de arriba (3.1-4)

En esta sección Pablo procura llevar a los colosenses a entender que quien está en Cristo debe mantener su vida enfocada hacia lo eterno, y no lo terrenal. Inicia retomando la temática de resucitar con Cristo, misma que había tratado al hablar del bautismo (2.12). Como consecuencia de haber muerto y resucitado con Cristo, la persona creyente debe «buscar las cosas de arriba, donde está Cristo sentado a la diestra de Dios» (3.1). Nótese que al hablar de haber resucitado con Cristo Pablo dice que es algo ya alcanzado, y no sólo para el futuro. Estamos hablando de resucitar espiritualmente a una vida nueva, no de la resurrección física. Al resucitar, Cristo ocupó un lugar en los cielos. Su posición, «sentado a la diestra de Dios» (3.1), indica alguien que reina o gobierna en conjunto con Dios. Por lo tanto, los colosenses deben «buscar» (3.1) las cosas de arriba. Buscar implica disponer la voluntad para hacer algo. Pablo refuerza esta idea al decirles «poned la mira en las cosas de arriba» (3.2). El verbo o palabra griega que se traduce por «poned» es *phroneo* que, como mencionamos en el estudio de Filipenses, significa pensar de cierta forma en cuanto a algo. La Versión Reina Valera Actualizada es más precisa en su traducción cuando dice: «Ocupad la mente en las cosas de arriba» (RVA). Ocuparse implica poner empeño en algo. La mente debe estar ocupada en las cosas celestiales. Lo que Pablo está haciendo es enfatizando la parte que les corresponde hacer a los colosenses. Dado lo que ahora son en Cristo, deben procurar con firmeza y propósito lo celestial.

El estar enfocado en lo eterno debe ser característico de quien cree, pues ya ha muerto (3.2; 2.20) y su «vida está escondida con Cristo en Dios» (3.2). Notemos que la idea de que «la vida está escondida» se puede comparar con los tesoros de la sabiduría y el conocimiento que están escondidos en Dios (2.3). Es bueno también recordar que Pablo está contraatacando las ideas filosóficas y sus intereses en lo misterioso o escondido. Debido a que Cristo está en Dios y nosotros estamos con Cristo, estamos escondidos en Dios también. La idea de estar con Cristo en Dios está también presente en Efesios 2.6, cuando dice: «Juntamente con él [Cristo], nos resucitó y así mismo nos hizo sentar en los lugares celestiales en Cristo Jesús». La obra de Cristo está completa. Es por eso que los colosenses están completos en Cristo. Por lo tanto, deben vivir en Cristo, no buscando las filosofías o doctrinas humanas de esta tierra. Al contrario, deben buscar y pensar en las cosas de arriba.

Como hemos visto, el resucitar a una vida nueva es una experiencia del tiempo presente, pero también nos lleva a la gloria venidera. Pablo habla en 3.4 de la manifestación de Cristo en un sentido escatológico —esto es, hay una gloria que ha de ser revelada. Cuando esta manifestación ocurra también nosotros seremos «manifestados con él en gloria» (3.4). En Romanos, Pablo menciona la «manifestación de los hijos de Dios» (Ro 8.18-19) en un contexto que también habla de la gloria venidera (véase también Flp 3.21; 1 Co 15.43). El apóstol está demostrándoles a los colosenses que en Cristo están completos, tanto en el tiempo presente como en la gloria futura. Mientras esa gloria venidera llega, los colosenses deben procurar conducirse conforme a los principios divinos, como veremos en la próxima sección.

2. Implicaciones éticas de la obra de Dios en la persona creyente (3.5-17)

Procurar las cosas de arriba no es equivalente a no conducirse correctamente en la tierra. Por el contrario, dado todo lo que tienen en Cristo y la esperanza de esa gloria futura, en 3.5-17 el apóstol Pablo pide a los colosenses que sigan una conducta moral y ética que agrade a Dios. Vemos cómo el apóstol no sólo enfatiza en sus escritos lo que es enseñanza o «doctrina», sino también cómo aplicarla en una forma práctica.

Esta sección (3.5-17) se puede dividir en dos partes. En la primera (3.5-11) Pablo pide a los colosenses que se despojen de todo tipo de conducta pecaminosa que sea parte de la pasada manera de vivir. En la segunda parte (3.12-17) les pide que se vistan de la conducta que es propia del estar en Cristo. Para comunicarles ambas verdades espirituales utiliza nuevamente la metáfora de desvestirse (despojarse) y vestirse.

El apóstol inicia su petición a que dejen su pasada manera de vivir diciéndoles que hagan morir lo terrenal y luego ofrece un listado de las cosas que caen bajo esta clasificación: «fornicación, impureza, pasiones desordenadas, malos deseos y avaricia, que es idolatría» (3.5). Los moralistas griegos acostumbraban hacer listados o catálogos de vicios que obstaculizaban el tener dominio propio. Pablo sigue esta práctica, pero listando lo que tiene que ver con los principios cristianos.

Las primeras tres cosas tienen que ver con lo sexual. La palabra «fornicación» en griego es *porneia*, y denota inmoralidad sexual en general, dentro o fuera del matrimonio. La palabra «impureza» se refiere usualmente al pecado sexual (2 Co 12.21), y «pasiones desordenadas» denota apetito sexual incontrolable o perversión. «Malos deseos» es más general, y se debe referir a cualquier deseo que sea pecaminoso. Nótese que lo último que se menciona en este listado es la avaricia. Pablo dice que es equivalente al pecado de idolatría. La avaricia es el deseo desmedido de poseer más de lo que se tiene. Cuando esto ocurre, lleva a la persona a estar lejos de Dios, pues se confía en lo que posee y se busca lo que se desea poseer, no a Dios. Este tipo de conducta pecaminosa descrita en los vv. 5 y 6 trae «la ira de Dios» sobre «los hijos de desobediencia» (3.6) —o sea el juicio de Dios viene sobre quienes siguen tal conducta. Pablo les recuerda a los colosenses que en el pasado se habían conducido de esta manera, pero ahora deben dejar todas estas cosas mencionadas.

Además, Pablo presenta otro listado de tipos de conducta que la persona creyente debe dejar. Esto incluye la ira, el enojo, la malicia, la blasfemia, las palabras deshonestas y la mentira (3.8-9). Aunque no vamos a detallar el significado de cada una de las cosas en este listado, debemos notar que tienen que ver principalmente con lo que afecta las relaciones entre los seres humanos. También son conductas que se expresan verbalmente o en actitudes. Pablo está pidiendo a los colosenses que se despojen de todo tipo de conducta mencionadas en ambos listados, pues son contrarias a estar en Cristo. Sin embargo, no debemos limitarnos sólo a las cosas mencionadas en las listas, sino que debemos abstenernos de todo tipo de conducta que esté opuesta a la nueva naturaleza.

La razón para dejar este tipo de conducta es que la persona creyente ya se ha «despojado del viejo hombre con sus hechos» y se ha «revestido del nuevo» (3.9-10). El «nuevo hombre» está hecho conforme a la imagen de Dios, y «se va renovando hasta el conocimiento pleno» (3.10). La palabra renovar denota transformación continua. En Romanos Pablo también une las ideas de renovación, transformación y entendimiento, al decir que quien cree debe ser transformado por medio de la renovación del entendimiento (Ro 12.2). En Colosenses la renovación está ligada a alcanzar el conocimiento. Nuevamente Pablo habla de la temática del conocimiento, describiéndolo aquí (3.10) como pleno. Esto último apunta hacia el tema de la plenitud de Cristo, ya tratado anteriormente (1.19; 2.9). En este conocimiento pleno «no hay griego ni judío, circuncisión ni incircuncisión, bárbaro ni extranjero, esclavo ni libre» (3.11). Pablo declara que en Cristo no hay distinción de raza, cultura, o nivel social, el evangelio es para todos. También en este conocimiento pleno «Cristo es el todo y en todos». El que «Cristo es el todo» ya había sido probado en el himno (1.15-20) y en otras partes de la carta, especialmente cuando dice que en él habita «toda la plenitud de la divinidad» (2.9, 1.19). La declaración de que Cristo es «en todos» afirma la universalidad del evangelio, que ya ha sido demostrada en la primera parte del v. 11.

Desde el v. 12 hasta la primera parte del 16 lo que se trata va dirigido principalmente a lo que tiene que ver con la vida del cuerpo o iglesia. Muy posiblemente por esto, primero Pablo generaliza al instar a vestirse «como escogidos de Dios, santos y amados» (3.12). Encontramos aquí que Pablo hace uso de ideas veterotestamentarias de Israel como el pueblo escogido, santo y amado por Dios, y las aplica a la iglesia. Vemos también que vuelve a utilizar la imagen metafórica de vestirse (3.12). Los colosenses deben reflejar lo que son en su conducta con las demás personas. Es por eso que el apóstol pasa a ser más específico con un listado de virtudes que deben ser parte del carácter cristiano y que tienen que ver con las relaciones entre personas: la misericordia, la bondad, la humildad, la mansedumbre y la paciencia (3.12). En el mundo de tiempos del apóstol, los listados de virtudes se usaban para indicar la madurez y el carácter formados de una persona, especialmente de los sabios y filósofos. Pablo está utilizando una práctica conocida en sus tiempos (las listas de virtudes) y la aplica a la vida cristiana para exhortar a los colosenses a encaminarse hacia la madurez del carácter cristiano.

En los versículos que siguen (3.13-15) nuevamente Pablo se refiere a cosas que tienen que ver con las relaciones mutuas. En el v. 13 habla de perdonar de la misma forma que Cristo nos perdonó. Seguido a esto, utiliza otra vez la metáfora del vestido al exhortarles a vestirse de amor, que es «el vínculo perfecto» (3.14). Pablo nos dice que el amor es el lazo o fuerza que une, idea que ya había expresado anteriormente (2.2). El amor es un tema que Pablo trata en sus escritos como elemento primordial en la vida cristiana (1 Co 13), especialmente en las relaciones entre creyentes (Ro 12.9-10; 13.10; Ef. 4.2; Gl 5.13; Flp 1.9; 1 Ts 3.12). El amor es un vínculo perfecto porque conduce a la comunión y armonía.

El apóstol continúa su exhortación pidiendo que la paz de Dios gobierne en los corazones de los colosenses (véase también Flp 4.13.), ya que son «llamados» a tener esta paz «en un solo cuerpo» (3.15). Nótese cómo lo que ocurre en el ser interno de la persona creyente (el corazón) afecta al cuerpo que es la iglesia. Vemos que la paz conduce a la unidad. Con el tema de la paz Pablo enfatiza nuevamente la unidad, como lo hizo con el tema del amor. En la parte final del v. 15 les exhorta a ser «agradecidos» (3.15), retomando este tema (1.11-12; 2.7). Dado el contexto, se puede decir que la persona creyente debe ser agradecida con Dios, así como con las demás personas.

Pablo tiene interés de que los colosenses se conduzcan y se traten entre sí de acuerdo con los principios de Dios. Es por eso que en su exhortación les pide que la «palabra de Cristo habite en abundancia» (3.16) en sus vidas. Cuando Pablo habla de la «palabra de Cristo» vuelve a apuntar hacia lo que había dicho antes, que es en Cristo donde «están escondidos todos los tesoros de la sabiduría y del conocimiento» (2.3). El verdadero conocimiento y sabiduría se encuentran en la palabra de Cristo, no en vanas filosofías. Cuando la palabra de Cristo abunda en las personas creyentes, estas pueden enseñarse y exhortarse mutuamente «con toda sabiduría» (3.16). Vemos que se repite el tema de la sabiduría, ahora en el contexto de las relaciones mutuas. La palabra de Cristo debe ser la fuente que da la sabiduría necesaria para que se puedan dar la enseñanza y la exhortación mutuas. Quien tiene sabiduría, a través de la palabra de Cristo, procura el bien del cuerpo que es la iglesia, antes que el bien individual.

Después de exhortar a sus lectores, principalmente en cuanto a asuntos que tienen que ver con la vida del cuerpo (3.12-16a), Pablo pasa a pedirles que canten al Señor «con salmos, himnos y cánticos espirituales» (3.16). Aquí se puede referir a la adoración de cada persona creyente, ya que dice «en vuestros corazones» (3.16). Pero también recordemos que los primeros cristianos adoraban al Señor juntos de esta forma (Hch 16.25; 1 Co 14.15), y algunos himnos quedaron plasmados en los escritos del Nuevo Testamento (Col 1.5-20; Flp 2.6-11; Heb 1:1-4; 1 Ti 3.16). Pablo establece claro que el objeto de toda adoración debe ser el Señor; esto en oposición a las falsas creencias en la adoración de los ángeles como mediadores. De igual forma, el apóstol dice claramente que la adoración a Dios, no importa cuál sea la forma, debe ser una expresión del corazón. La adoración a Dios no se debe convertir en religiosidad.

Finaliza esta sección con una exhortación más general que se aplica a todo lo que se hace en la vida cristiana. Pablo hace un llamado a hacer todo, sea lo que se dice como lo que se hace, en el nombre del Señor Jesús. La doctrina y cómo se practica deben guardar armonía. Hacer todo en el nombre del Señor es reconocer su señorío en todos los aspectos de la vida cristiana y vivir bajo su autoridad. Además todo se debe hacer en agradecimiento a Dios, y «por medio» (3.17) de Cristo. Esto último les debe recordar a los colosenses que Cristo es el único mediador, y no lo es ningún sistema de ángeles y principados. Luego de esto Pablo pasa a hablar de los diferentes papeles en la familia cristiana.

3. Las relaciones en la vida familiar y doméstica (3.18-4.1)

Esta sección trata sobre las diferentes responsabilidades en la vida familiar. El listado que encontramos aquí (3.18-4.1) es paralelo con Efesios 5.2-6.9. Antes de estudiar cada rol queremos mencionar que al dar instrucciones sobre las diferentes posiciones dentro de la familia, Pablo incluye a las personas esclavas y las que tenían personas a su servicio (véase también Ef 6.5-9). En el mundo grecorromano las personas esclavas que servían en una casa eran contadas como parte de la casa, aunque su estatus seguía siendo el mismo. Es bueno mencionar que dar instrucciones con respecto a las personas esclavas no significa que Pablo esté perpetrando la esclavitud, sino que trata este tema como uno más dentro de las relaciones y estratos sociales existentes en su tiempo. En nuestro estudio de la carta a Filemón veremos la posición del apóstol a favor de un esclavo llamado Onésimo.

Para cada relación familiar que se menciona, Pablo establece las responsabilidades tanto de la persona que está subordinada a la otra (esposas, hijos, personas esclavas) como de la que está en una posición de dominio o autoridad (esposos, padres, amos). En los tiempos de Pablo estos últimos tres roles (esposo, padre, amo) correspondían usualmente a una misma persona, a la figura masculina. Pablo sigue de cerca las clasificaciones de roles familiares de acuerdo a las prácticas presentes en la sociedad grecorromana. Los filósofos helenistas ofrecían reglas sobre cómo se debía manejar una casa o familia. A esto se le llamaba el código para la familia. Los maestros judíos también tenían reglas familiares basadas en la ley. A diferencia de los principios que regían las relaciones familiares en la sociedad romana, el apóstol establece que el obedecer a las personas que están en un rol de dominio, así como la forma de desempeñar cada rol, debe ser como si lo hicieran para Dios. Pablo dice claramente que la base para desempeñar cada función es el servicio a Cristo como Señor.

Otro aspecto que vemos en Pablo que es diferente a las prácticas de la sociedad de sus tiempos es la reciprocidad dentro de las relaciones familiares. Vemos que el apóstol establece claramente las responsabilidades tanto para quienes están en autoridad como para quienes están bajo ella. Las esposas deben estar sujetas a sus maridos «como conviene en el Señor» (3.18). La palabra griega que Pablo usa indica que la esposa debe someterse voluntariamente. La sujeción al esposo se debe llevar a cabo porque es la conducta que se espera en el orden familiar. Pablo no está considerando a la mujer como inferior al hombre. Está estableciendo principios de acuerdo al orden familiar. Estos principios están en armonía con la tradición judía y con las prácticas de la sociedad romana. En otras cartas el apóstol también habla de estos mismos principios (1 Co 11.3-9; Ef 5.21-22; Tit 2.5). La mujer cristiana debe tomar el lugar correcto, y esto en el Señor.

Los hijos deben obedecer a los padres en todo, pues esto agrada a Dios. La obediencia a los padres estaba establecida en la ley de Moisés. Uno de los mandamientos es el honrar al padre y a la madre. En cuanto a las personas esclavas, deben obedecer en todo a sus «amos terrenales» (3.22). Se especifica además que deben hacerlo no para agradar a los hombres sino a Dios, y con sinceridad. Esta última instrucción la aplica en el v. 23 no sólo al servicio a los amos, sino a todo lo que hagan (como en 3.17), ya que la recompensa vendrá del Señor porque ulteriormente a quien están sirviendo es a Cristo. Pablo aclara que quienes actúen injustamente recibirán injusticia (3.25); ésta es también una recompensa, pero negativa.

Pablo se debe referir aquí a los amos que tratan inapropiadamente a quienes les sirven como esclavos o esclavas, ya que más adelante habla del trato justo y recto que deben tener los amos (4.1). La razón para este tipo de recompensa es que Dios no hace acepción de personas; Dios no es parcial, favoreciendo a unos y a otros no.

Vemos que la conducta cristiana que se espera de cada una de las personas en los respectivos roles mencionados debe ser de servicio a Dios. El sujetarse y obedecer a otras personas refleja ulteriormente obediencia a Dios.

Pero Pablo considera que las esposas, los hijos e hijas, y las personas esclavas deben ser tratadas apropiadamente en el Señor. Es por esto que decimos que hay reciprocidad. En la sociedad romana las mujeres, los niños, y las personas esclavas eran los más desvalidos. Por ejemplo, las mujeres no podían presentar casos en los tribunales. Tenían que tener quien les representara. Las personas esclavas eran consideradas como propiedades, y la ley romana no proveía ningún derecho para ellas. En las instrucciones que da el apóstol se les dice a los esposos que amen a sus esposas y no sean ásperos con ellas. En el mundo antiguo el énfasis estaba en la sujeción a los esposos. Pablo establece un elemento que tiene que ver con la necesidad de la esposa. A los padres se les manda que no «exasperen a vuestros hijos» (3.21). Exasperar significa irritar o dar motivo de enojo. El propósito de esta instrucción es que los hijos e hijas no se desalienten. Nuevamente el apóstol toma en consideración las necesidades en los diferentes roles, en este caso de los hijos e hijas.

Finalmente a los «amos» se les pide que hagan «lo que es justo y recto» (4.1) con las personas esclavas que están a su servicio. Deben hacerlo con la conciencia de que tienen un «Amo en los cielos» (4.1). Notemos cómo Pablo designa a Dios como «Amo» celestial en contraposición con los «amos terrenales» (3.22). Lo que Pablo les está diciendo es que de la forma en que Dios les trata como «Amo», así deben tratar a aquellas personas esclavas que están bajo sus servicios. Esto es en justicia y rectitud, pues Dios es un Dios justo y recto. Recordemos también la advertencia dada anteriormente de que cuando se actúa con injusticia se recibirá injusticia (3.25). En contraste con las prácticas romanas en cuanto a las personas esclavas, Pablo introduce un elemento nuevo al considerar las necesidades de quienes están al servicio de otras personas al pedir que se les trate justa y rectamente, y al presentar a Dios como modelo para esto.

Los principios que Pablo presenta en esta sección sobre los roles familiares han sido muy discutidos en nuestros tiempos, especialmente el de la relación entre esposo y esposa. Como dijimos anteriormente, Pablo no está menospreciando a la mujer. Vimos en nuestro estudio de la carta a los Filipenses cómo Pablo consideraba a las mujeres colaboradoras suyas en el trabajo del evangelio. Pero aquí el apóstol está hablando de los papeles correspondientes dentro del matrimonio. Obsérvese por ejemplo, que al esposo no se le dice que haga que su esposa se sujete. Se le dice que la ame y la trate sin aspereza. A la esposa es a a quien se le indica que debe sujetarse voluntariamente a su esposo. Cuando un esposo cumple con su parte al amar a la esposa y no ser áspero con ella, a la esposa se le facilita sujetarse por la naturaleza misma de la mujer que necesita sentirse amada. De igual forma, cuando una esposa voluntariamente reconoce el rol de su esposo, esto facilita las consideraciones y muestras de afecto de éste hacia ella. Es por esto que hemos mencionado que lo que Pablo establece tiene la característica de reciprocidad en los diferentes roles. La carta a los Efesios, en el pasaje que trata sobre las relaciones familiares (Ef 5.21-6.9) refleja aún más claramente esta reciprocidad, cuando antes de entrar a considerar cada rol inicia exhortando a todos a someterse «unos a otros en el temor de Dios» (5.21).

En cuanto a las relaciones padres-hijos, se deben aplicar a ambos, el padre y la madre. El principio que Pablo establece para los progenitores —en cuanto al trato con los hijos e hijas— toma en consideración la dignidad humana sin quitar el lugar que tienen el padre y la madre, como estaba establecido en la ley de Moisés. En cuanto a la relación amo-esclavo, en un contexto donde no tenemos esclavitud podemos aplicar los principios dados por Pablo, por ejemplo, a las relaciones tipo obrero-patronal. Debemos aprender a aplicar los principios establecidos en esta sección de la carta a nuestra sociedad contemporánea procurando la reciprocidad y desempeñar cada función como si lo hiciéramos para Dios. Ulteriormente la vida cristiana se debe vivir de tal forma que agrademos a Dios en todo lo que hagamos.

4. Exhortación a perseverar en la oración y otras exhortaciones (4.2-6)

En esta sección Pablo pasa a dar unas exhortaciones generales, apuntando a temas ya tratados en la carta. Lo primero que hace es un llamado a estar alerta y perseverar en la oración. Es característico de Pablo motivar a sus destinatarios a la oración (Ro 12.12; Ef 6.18; Flp 4.6; 1 Ts 5.17). El tono aquí es de insistencia y constancia, así como de vigilancia. Además se debe orar con acciones de gracias, temática que nuevamente se repite (4.2; 1.2; 2.7; 3.15, 17). Dentro del tema de la oración pide que oren por él y sus acompañantes, de tal manera que tengan puertas abiertas para predicar la palabra. Con esto el apóstol pide que la iglesia de Colosas sea parte de su ministerio a través de la intercesión. Es característico de Pablo pedirles a sus destinatarios que se identifiquen y unan a él a través de la oración (Ro 15.30; 2 Co 1.11; Flp 1.19; 1 Ts 3.10; 5.25; 2 Ts 3.1; Flm 22).

Pablo usa la imagen de puertas abiertas para hablar de oportunidades para predicar la palabra (1 Co 16.9; 2 Co 2.12). El propósito de que estas puertas se abran es dar a conocer el misterio de Cristo, siendo ésta una de las temáticas principales que ya había explicado (1.25-27), y que ahora retoma ya casi finalizando su carta. Como vimos anteriormente, en la carta a los colosenses el misterio es «Cristo en vosotros» (1.27). El apóstol quiere dar a conocer el misterio de Cristo anunciándolo debidamente. Esta misma idea la había presentado anteriormente cuando dijo que fue hecho ministro para anunciar «cumplidamente la palabra» (1.25) —esto precisamente al hablar de su ministerio en relación al misterio de Cristo (1.25-27). Ahora indica que por causa de predicar la palabra está preso (4.3). Es paradójico que pida que se abran puertas u oportunidades cuando está preso (4.3). Esto deja ver que las limitaciones presentes no son obstáculos para continuar cumpliendo con su ministerio de llevar la palabra, sea él mismo o a través de sus acompañantes. También nos deja ver que Pablo tenía la expectativa de ser librado, y por esto ora para que se abran puertas para llevar la palabra. Todo esto nos habla del compromiso de Pablo y su celo por cumplir con su llamado y ministerio, independientemente de las circunstancias.

Lo segundo que el apóstol trata en estas exhortaciones generales es cómo conducirse con las personas no creyentes. Les dice a los colosenses que deben andar «sabiamente con los de afuera, aprovechando bien el tiempo» (4.5). Se repite el tema de la sabiduría, pero ahora en un sentido práctico. Pablo había dicho que en Cristo está la sabiduría (2.3), y el mensaje que él predica es en «toda sabiduría» (1.28). Ahora les dice que deben vivir sabiamente. Para los judíos el tener sabiduría no es sólo conocimiento de la Torá (la Ley), sino aplicar ese conocimiento en la vida. Vivir sabiamente significa poner en práctica los principios de la ley de Dios. En las exhortaciones éticas (3.5-4.1) ya Pablo había motivado a los colosenses a conducirse de tal forma que agradaran a Dios. Ahora pide lo mismo en relación a la conducta que se debe tener con las personas no creyentes. Para Pablo es importante la percepción que «los de afuera» puedan tener de la iglesia. El que tales personas observen una conducta propia de los colosenses beneficiará el evangelio. Es por esto que les exhorta a «aprovechar» bien el tiempo. El término usado aquí para aprovechar se usaba en sentido comercial en el mercado. Lo que Pablo nos dice es que se deben capitalizar al máximo el tiempo y las oportunidades para con quienes no son creyentes.

Lo tercero que Pablo hace es exhortarles sobre el hablar, tema que ha tratado en exhortaciones anteriores (3.8-9), pero que ahora trata en relación a «los de afuera». Les dice a los colosenses que la palabra sea «siempre con gracia, sazonada con sal» (4.6). Este era un dicho común en los tiempos antiguos. Pablo utiliza este dicho acerca de cómo debe ser un discurso atractivo y lo aplica a cómo se debe responder a quienes cuestionan sobre el evangelio. La forma de hablar es importante, así como es lo que se dice —esto en relación a la influencia que puede tener una persona creyente con las no creyentes. Jesús utilizó la metáfora de la sal como elemento que da sabor para hablar de la misión de quienes le siguen (Mt 5.13; Lc 14.34). Los rabinos judíos también utilizaban la metáfora de la sal para hablar de enseñanza con sabiduría. La sal se usa también para conservar la comida. Ante las ideas filosóficas y «huecas sutilezas» (2.8) que están en el ambiente, los colosenses deben tener la respuesta apropiada y convincente. Asimismo deben tener respuestas apropiadas para cualquier otro tipo de persona que cuestione el evangelio en el cual han creído. De igual forma, en nuestros tiempos, las personas creyentes debemos estar preparadas para responder a cuestionamientos sobre nuestra fe, recordando que debemos «sazonar» lo que decimos.

III. Cierre o despedida (4.7-18)

En esta sección Pablo recomienda a algunos hermanos y envía saludos de algunas personas que están con él, así como saludos a otras que están en Colosas. Como vimos en nuestra discusión sobre la iglesia de Colosas, en este cierre encontramos una conexión entre la carta a Filemón y la carta a los colosenses, ya que el apóstol menciona los nombres de varias personas en ambas cartas. En el cierre de la carta Pablo les dice a los colosenses que Tíquico les informará en cuanto a él (Pablo). Como dijimos anteriormente, Tíquico es un hermano, fiel ministro y consiervo de Pablo (4.6). Es enviado también para que conozca de los colosenses y consuele sus corazones (4.8). Pablo dice también que envía a Onésimo, quien es parte de los colosenses, a acompañar a Tíquico. Está recomendando a estos hermanos, a quienes está enviando a Colosas. Era costumbre en las cartas antiguas recomendar a personas enviadas a hacer alguna encomienda. En particular habíamos mencionado que la forma en que describe a Tíquico denota que Pablo lo considera igual a sí mismo, dándole con esto el reconocimiento ministerial debido. Además, vemos la costumbre de Pablo de enviar representantes a las iglesias. Esta era una práctica común en los tiempos de Pablo, pues se enviaba una persona como representante debido a la imposibilidad de estar presente en un lugar. Vemos también la práctica del apóstol de mantenerse informado sobre el estado de las iglesias y de informarles sobre su ministerio.

En los vv. 10 y 11 envía saludos de varias personas. Pasa luego a hablar de Epafras. Aunque ya hemos hecho referencia a los vv. 12 y 13, cuando hablamos de la relación de Epafras con la iglesia, es bueno mencionar que Pablo retoma el tema de que los colosenses estén «firmes, perfectos, y completos» (4.12) al hablar de la preocupación y celo de Epafras por los colosenses. Aún en el cierre de la carta Pablo les sigue recordando a los colosenses los propósitos de Dios para sus vidas. En el v. 14 envía saludos de parte de Lucas y Demas. Es aquí donde se nos dice que Lucas era médico. En Filemón, Pablo dice que Lucas y Demas eran colaboradores suyos (Flm 23). Luego envía saludos a los hermanos de Laodicea, ya que la carta iba a ser leída también en esta iglesia (4.16). De igual forma Pablo envía una carta a los laodicenses y da instrucciones de que sea leída a los colosenses (4.16). Al enviar saludos a los de Laodicea menciona a «Ninfas y la iglesia que está en su casa». Ninfas es un nombre femenino, dejándonos ver que Pablo respaldaba el liderazgo y ministerio de la mujer.

En el v. 12 el apóstol envía un mensaje para Arquipo: «Mira que cumplas el ministerio que recibiste en el Señor». No especifica el tipo de ministerio, pero en la carta a Filemón Pablo le llama colaborador suyo (Flm 23). No se sabe la razón por la que Pablo le envía este mensaje. Quizás Arquipo necesitaba esta exhortación, o quizás los colosenses necesitaban el ministerio de Arquipo dadas las amenazas de las filosofías. Pablo finaliza esta carta indicando que él mismo ha escrito la salutación final. Se acostumbraba dictar las cartas, pero la salutación final la escribía el propio autor. A su vez les pide que se acuerden de él y sus prisiones. Se despide deseando que la gracia de Dios sea con los colosenses, lo cual es también característico de los escritos paulinos, como vimos en nuestro estudio de Filipenses.

Conclusión

De igual forma que los colosenses estaban siendo confrontados con falsas doctrinas, a través de la historia la iglesia ha sido amenazada por corrientes de enseñanzas no centradas en Cristo y en la palabra de verdad. En particular, la iglesia contemporánea se confronta con personas creyentes que son tentadas a abandonar la palabra del evangelio e irse tras filosofías y conceptos contrarios a la palabra de Dios. Así como el apóstol Pablo lo hizo —ante una sociedad expuesta a tantas vertientes de ideas nuevas— se hace necesario continuar predicando esta palabra de verdad que ofrece una herencia segura gracias a la obra redentora de Cristo. Cristo sigue siendo el centro del evangelio que predicamos.

Capítulo 3

La Primera Carta a los Tesalonicenses

La ciudad

La ciudad de Tesalónica fue fundada bajo el imperio griego para el año 315 a. C. por Casandro, uno de los generales de Alejandro el Grande. Le llamó Tesalónica en honor a su esposa, que se llamaba así y quien era hermana de Alejandro. Tesalónica pertenecía a la provincia de Macedonia. Cuando bajo el gobierno romano Macedonia fue dividida en cuatro distritos (167 d. C.), Tesalónica fue designada la ciudad principal del segundo distrito. Más tarde vino a ser la ciudad más importante o capital de toda Macedonia (146 a. C.). En el año 42 d. C. pasó a ser una ciudad libre.

Tesalónica estaba localizada cerca del golfo Termaico y en la ruta principal que comunicaba a Roma con el este, la via Egnatia. La ciudad tenía una estación militar y era un punto céntrico para el comercio, pues tenía el puerto de mar más importante de Macedonia. Por su localización, la ciudad se beneficiaba del comercio que venía tanto desde el oeste como del este. Esto la llevó a ser una ciudad próspera, cosmopolita y de crecimiento demográfico. Para el tiempo de Pablo, la ciudad debió haber tenido unos 200,000 habitantes. Había presencia judía, aspecto que la narración del libro de Hechos confirma (Hch 17.1). En esta ciudad se practicaban las religiones paganas y la adoración a diferentes dioses tales como Dionisio, Cabiro (dioses griegos), Serapis e Isis (dioses egipcios).

Además se adoraba al emperador. Los ciudadanos de Tesalónica tenían lealtad al emperador y llegaron a erigir una estatua en honor a César.

La ciudad de Tesalónica fue significativa para la extensión del cristianismo por su importancia como ciudad y por su localización geográfica. Actualmente se llama Salónica, en Grecia.

La iglesia

Pablo visitó Tesalónica en su segundo viaje misionero entre el año 49 y el 50 d. C. La misión a Tesalónica es parte de una misión más amplia que Dios le había mostrado a Pablo cuando tuvo la visión de un varón macedonio que le pidió que fuera a Macedonia y ayudara a los de allí (Hch 16.9-10). Según la narración del libro de Hechos, Pablo y Silas viajaron de Filipos a Tesalónica, pasando por Anfípolis y Apolonia (Hch 17.1). Llegaron a Tesalónica y se dirigieron a una sinagoga judía (Hch 17.1). Durante tres sábados Pablo estuvo exponiendo el evangelio. Algunos judíos creyeron, así como muchos griegos piadosos o temerosos de Dios (gentiles que simpatizaban con la religión judía, pero no se convertían en prosélitos), y mujeres prominentes «no pocas» (Hch 17.4). Sin embargo otros judíos que no creyeron en el mensaje predicado por Pablo levantaron un alboroto en la ciudad. Estos llevaron a un tal «Jasón y a algunos hermanos» (Hch 17.6) ante las autoridades de la ciudad y les acusaron de ser desleales al emperador. Finalmente Jasón y los otros hermanos quedaron libres, luego de pagar una fianza. Pablo y Silas fueron enviados a Berea por los hermanos de Tesalónica (Hch 17.10). Timoteo se unió a ellos en Berea (Hch 17.14). Luego Pablo fue a Atenas y mandó a buscar a Silas y a Timoteo. Desde Atenas envió a Timoteo a Tesalónica para tener información sobre los tesalonicenses (1 Ts 3.2). Pablo estaba en Corinto cuando Timoteo regresó de Tesalónica (Hch 18.1, 5).

La narración de Hechos sugiere que Pablo estuvo en Tesalónica unas tres semanas, pero de seguro estuvo más tiempo, ya que la carta a los Filipenses nos indica que la iglesia de Filipos le envió ayuda económica a Pablo en Tesalónica en varias ocasiones (Flp 4.16). Esto deja ver que Pablo estuvo en Tesalónica un tiempo suficiente como para recibir varias veces ayuda desde Filipos. Además, Pablo mismo dice que estando en Tesalónica trabajó para sostenerse (1 Ts 2.9; 2 Ts 3.7-9). Esto también sugiere que pudo haber estado allí más tiempo.

La narración de Hechos deja ver que la composición étnica de las primeras personas conversas de Tesalónica, cuando Pablo predicó en la sinagoga, fueron judías y griegas. Sin embargo, debieron ser predominantemente griegas, ya que los judíos que se convirtieron fueron «algunos» y los griegos fueron «muchos» (Hch 17.6). Además, en la carta Pablo habla de la buena fama de las personas creyentes de Tesalónica y de cómo se habían convertido de los ídolos a Dios (1 Ts 1.9). Esto indica que muchos eran gentiles. Este grupo que Pablo menciona puede estar compuesto de gentiles que se habían convertido. Además, no debemos olvidar a los griegos temerosos de Dios que escucharon la predicación de Pablo en la sinagoga. En la carta Pablo dice que los tesalonicenses han divulgado la palabra del Señor (1.8). También habla de que los Tesalonicenses habían padecido «de los vuestra propia nación» (2.14). Si con «los de vuestra propia nación» se refiere a judíos, esto nos habla de que parte de la iglesia eran judíos conversos, y esto está en armonía con la narración de Hechos. La evidencia interna de la carta deja ver que sus destinatarios eran predominantemente gentiles (1.9), con un grupo menor de judíos. Esto está en armonía con la narración de Hechos.

En cuanto a la composición socio-económica, debió ser mixta. Por un lado Hechos nos dice que mujeres nobles o prominentes se convirtieron, pero habíamos mencionado (en nuestro estudio de Filipenses) que en 2 Corintios Pablo habla de la pobreza de las iglesias de Macedonia. Se puede deducir que la composición socio-económica de la iglesia era variada. También habíamos mencionado que se sabía que en Macedonia las mujeres nobles asumían ciertas funciones en la vida pública. Aunque la narración de Hechos no nos da más detalles, estas mujeres que se convirtieron debieron haber tenido un papel importante en la extensión del evangelio en una ciudad tan próspera como Tesalónica.

La carta

Primera de Tesalonicenses es el documento más antiguo del Nuevo Testamento y se cree que fue escrito para el año 50 ó 51 d. C. Después de su primera visita a Tesalónica Pablo no había podido regresar (2.18) y envía a Timoteo. La carta fue escrita desde Corinto, luego de Timoteo regresar de Tesalónica con su informe sobre la iglesia (1 Ts 3.2; Hch 18.1, 5). Pablo estuvo en Corinto unos 18 meses (Hch 18.11). El que

Pablo regresara a Tesalónica era difícil, ya que la acusación contra Jasón y otros hermanos, causada por la predicación de Pablo en Tesalónica, decía que «contravienen los decretos de César, diciendo que hay otro rey, Jesús» (Hch 17.7). El emperador era la autoridad máxima, por lo tanto la supuesta falta cometida fue contra el imperio mismo.

El propósito de la carta es confirmar, exhortar y confortar a los tesalonicenses en tiempos de persecución y tribulación, ante la ausencia de Pablo y ante expectativas acerca de la venida del Señor. Aparentemente hay ideas erróneas en cuanto a la resurrección de los muertos y la venida del Señor. Los tesalonicenses preguntan (4.3; 5.1) y Pablo les aclara estos temas. Además, les exhorta en cuanto a varios aspectos de la vida cristiana.

Esta carta se puede clasificar como de tipo parenético o exhortación moral. Las antiguas cartas de exhortación proponían que la persona tomara la conducta moral adecuada en diferentes circunstancias. En Tesalonicenses las exhortaciones comienzan propiamente en el capítulo 4. Este tipo de carta de exhortación también trae a la memoria ejemplos o modelos para afirmar la idea que se argumenta. Estos dos últimos aspectos los encontramos claramente en los primeros capítulos (1-3), así como en el resto de la carta.

Esta carta también contiene un pasaje de consolación (4.13-18). En la antigüedad, cuando alguien pasaba por situaciones difíciles que traían inseguridad, se acostumbraba darle consolación, ya fuese en persona o por carta. En 1 Tesalonicenses Pablo no puede ir a visitarles y a través de esta carta conforta a sus destinatarios en medio de sus circunstancias. Algunos elementos característicos de las cartas antiguas de consolación están también presentes en otras partes de la carta, como veremos más adelante en nuestro estudio.

Bosquejo

I. Introducción o apertura (1.1-3.13)
    A. Saludos (1.1)
    B. Acción de gracias (1.2-10)
II. Cuerpo de la carta (2.1-5.24)
    A. El ministerio de Pablo entre los tesalonicenses (2.1-3.11)
        1. Trabajo de Pablo y sus acompañantes (2.1-12)

I. Introducción o apertura (1.1-3)

A. Saludos (1.1)

La apertura de esta carta sigue el patrón de las otras cartas de Pablo y de las cartas antiguas. En esta ocasión el saludo incluye a Pablo, Silvano y Timoteo como los remitentes. La carta está dirigida a la iglesia de los tesalonicenses como destinatarios. La inclusión de Silas (o Silvano) y Timoteo puede deberse a que ambos tienen una relación cercana con esta iglesia. Silas estuvo con Pablo cuando por primera vez fue a Tesalónica a predicar (Hch 17.4). Timoteo es uno de los primeros acompañantes de Pablo, y fue enviado a confirmar la iglesia (3.2). Silas y Timoteo conocen bien la formación de esta iglesia. En cuanto al tipo de saludo, es el tradicional de Pablo, de gracia y paz. Aunque Pablo sigue el patrón de sus otras cartas, aquí no hace mención de su ministerio, ni se identifica como siervo o apóstol. Tampoco se detalla ninguna otra información o descripción de los destinatarios.

B. Acción de gracias (1.2-10)

Esta sección inicia con una acción de gracias (1.2-3) que se extiende con un recuento del trabajo de Pablo entre los tesalonicenses (1.4-10). Esta acción de gracias es el exordium o introducción de la carta. Es estratégica, pues anuncia los temas que se van a tratar, como es característico de los escritos paulinos. Como hemos visto en las cartas ya estudiadas, estos temas son recurrentes en el resto de la carta. A continuación los presentamos.

1. La fe, el amor y la esperanza (1.3, 10; 2.8, 19; 3. 2, 5, 6, 11, 12; 4.9, 13)

Sabemos que esta tríada es característica en los escritos de Pablo. El apóstol conoce de la fe, el amor y la esperanza de esta iglesia (2.3). Las personas creyentes de Macedonia, de Acaya y de otros lugares también conocen de la obra, la fe y la esperanza de los tesalonicenses en la venida del Señor Jesús (1.7-10). Encontramos el tema del amor varias veces en la carta: al Pablo hablar de su afecto por los tesalonicenses (2.8), al desear que crezcan y abunden en amor (3.12), y al hablar en las exhortaciones del amor fraternal (4.9). El tema de la fe se repite cuando Pablo habla de su intención de confirmarles en la fe (3.2); al decir que quiso informarse sobre la fe de sus destinatarios (3.5); al recibir el reporte de Timoteo sobre la fe y el amor de esta iglesia (3.6), y al desear completar lo que falte a la fe de los tesalonicenses (3.11). En cuanto a la esperanza, Pablo dice que los tesalonicenses son esperanza suya (2.19) y les exhorta a no entristecerse como si no tuvieran esperanza (4.13). Encontramos la tríada nuevamente cuando al exhortar —en cuanto a la venida del Señor— Pablo les dice que ya se han vestido «con la coraza de la fe y del amor, y con la esperanza de salvación como casco» (5.8).

2. Tribulaciones, aflicción, padecer, entristecerse (1.6; 2.2, 14; 3.3-4; 3.7; 4.13)

El tema de las tribulaciones se ve en la carta desde el inicio. Los tesalonicenses recibieron la palabra en «medio de gran tribulación» (1.6). La palabra para tribulación es *thlipsis* que significa apremiar con intensidad. Esta palabra es común en el Nuevo Testamento y en las cartas de Pablo (Ro 5.3; 2 Co 2.4; Col.24; 2 Ts 1.4). Pablo usa el adjetivo «gran», polus, para describir la palabra tribulación. *Polus* significa mucha o grande. Literalmente dice «una aflicción grande». No se refiere aquí a «la gran tribulación» de la que habló Jesús en el sentido escatológico (Mt. 24.21-29; Mc 13.19, 24). Además el apóstol está hablando de la experiencia pasada de la iglesia cuando recibieron la palabra.

Pablo presenta en esta carta su entendimiento de pasar por tribulaciones y aflicciones como parte del ministerio. Hace referencia a situaciones que él mismo ha pasado y también los tesalonicenses (1.6; 2.2, 14; 3.7), y procura confirmarles en la fe para que no estén inquietos por las tribulaciones (3.3-4). Además, les conforta e instruye en cuanto a algunas personas que ya han muerto y en cuanto a la venida del Señor para que no estén tristes (4.13).

3. La conducta que agrada a Dios (1.5-9; 2.4, 7, 10-11; 3.13; 4.1-2; 5.23)

Esta temática la vemos en la introducción, cuando Pablo habla de cómo él y sus acompañantes se han comportado con los tesalonicenses (1.4-5), de cómo los tesalonicenses les han imitado al recibir la palabra en medio de gran tribulación (1.6), y de cómo otras personas hablan positivamente sobre los tesalonicenses (1.7-9). En cuanto al ejemplo de Pablo entre los tesalonicenses, no sólo les llevó el evangelio en palabras, sino también «en poder, en el Espíritu Santo, y en plena certidumbre» (1.4). Esto servirá de motivación para dar seguridad a la iglesia que atraviesa por persecuciones e interrogantes en cuanto a algunas doctrinas. Puede a su vez apuntar a los eventos escatológicos de los que hablará mas adelante y que muestran el poder y la manifestación gloriosa del Señor.

Vemos también la temática de agradar a Dios cuando Pablo habla de su conducta, cuando les encarga andar como es digno de Dios (1.10-11) y cuando ora para que sean irreprochables y vivan en santidad (3.13). Además, Pablo introduce una serie de exhortaciones con un llamado a conducirse agradando a Dios y a procurar la santidad (4.1-2). Finalizando su carta también vemos esta temática cuando bendice a sus destinatarios para que Dios los santifique y sean guardados irreprochables para la venida del Señor (5.23).

4. La venida del Señor (1.10; 2.13; 2.19; 4.13-18; 5.1-11; 5.23)

La temática de la venida del Señor sobresale en esta carta. Aparentemente los tesalonicenses tienen algunas interrogantes en cuanto a la venida del Señor, y Pablo escribe aclarándoles e instruyéndoles en cuanto a lo que acontecerá antes de esa venida. Además de la introducción (1.10), encontramos esta temática en la oración de bendición que el apóstol hace por los tesalonicenses para que sean irreprochables en la venida del Señor

(2.13), al hablarles a los tesalonicenses de su gozo, corona y esperanza en la venida del Señor (2.19), en el pasaje de consolación (4.13-18), en las exhortaciones (5.1-11), y casi al final de la carta en la bendición a los tesalonicenses (5.23).

5. La resurrección de los muertos (1.10; 4.13-16)

Pablo introduce este tema al inicio de la carta al mencionar la resurrección de Jesús (1.10), ya que se propone instruir y aclarar sobre el asunto (4.13-16). Aparentemente la iglesia tenía algunas interrogantes en cuanto a la resurrección de los muertos, pues algunas personas de la iglesia habían muerto. El apóstol establece al inicio de la carta que Jesús resucitó y que les «librará de la ira venidera» (1.10). Con esto prepara a su audiencia para entender que el fundamento para lo que dirá más adelante —acerca de que los muertos en Cristo resucitarán (4.13-16)— está en el hecho de que Cristo resucitó.

Los temas que Pablo introduce en el inicio de su carta dejan ver que se propone confirmar y confortar a los tesalonicenses en medio de las circunstancias de tribulación o persecución que la iglesia pueda estar pasando. También anuncia los temas de la venida del Señor y la resurrección de los muertos, que luego tratará más ampliamente. El apóstol apela desde la introducción a su propia conducta y a la de sus acompañantes como ejemplo, así como a la conducta, fe, amor y esperanza de los tesalonicenses. Además se propone, a través de la exhortación, llevarles a alcanzar la conducta que agrada a Dios, de tal forma que puedan ser irreprochables y estar preparados para la venida del Señor.

II. Cuerpo de la carta (2.1-5.24)

A. El ministerio de Pablo entre los tesalonicenses (2.1-3.11)

Hemos visto que desde la introducción de la carta Pablo hace mención de su trabajo entre los tesalonicenses, así como de la obra y testimonio de sus destinatarios. En los capítulos 2 y 3 continúa hablando de su ministerio con esta iglesia y de la dedicación de los tesalonicenses. A su vez habla de su ausencia, de su envío de Timoteo para tener información de la iglesia y del informe que trajo Timoteo.

1. Trabajo de Pablo y sus acompañantes (2.1-12)

En esta sección Pablo da más detalles de su trabajo en Tesalónica desde que por primera vez les anunció el evangelio. Se propone mostrar cómo él y sus acompañantes mantuvieron su carácter y conducta cristiana a pesar de las dificultades confrontadas. Todo esto servirá de ejemplo y motivación para los tesalonicenses, quienes también han atravesado y confrontarán tribulaciones y conflictos. Trae a la memoria eventos o situaciones que los tesalonicenses ya conocen. Vemos esto en su uso repetido de la expresión «sabéis» (2.1, 5). Les recuerda que su visita a Tesalónica fue productiva. Esto se evidencia en el hecho de que allí quedó establecida una iglesia de conocida fama y que ha logrado que el evangelio se extienda a otros lugares (1.7-8). Lo próximo que el apóstol trata es la palabra que enseña y predica y su trabajo con los tesalonicenses (2.3-12).

Presentamos tres principios que rigen el ministerio de Pablo y que encontramos en los vv. 2 al 12. El primer principio es que el ministerio implica estar expuestos a pasar por sufrimientos y tribulaciones, y depender del valor que da Dios para confrontarlos. Pablo dice que él y sus acompañantes han «padecido» y han sido «ultrajados» (2.2) en Filipos antes de llegar a Tesalónica. Los filósofos usaban estos términos para describir el sufrimiento. Pablo los utiliza de la misma forma. Les recuerda cómo él y sus acompañantes les anunciaron el evangelio «en medio de una fuerte oposición» (2.2). La palabra griega para «oposición» es *agon* y se usaba tanto para referirse al lugar donde se daban los juegos olímpicos como para referirse a un concurso atlético. Metafóricamente se puede referir a luchas o conflictos internos a la persona, o externos. Esto último es el sentido que Pablo le da aquí. Al usar este término Pablo está dejando claro que para llevar y comunicar el evangelio él y sus acompañantes pasaron por conflictos de gran magnitud, pero tuvieron éxito en su propósito porque Dios les dio valor. Pablo atribuye el éxito de su labor apostólica entre los tesalonicenses a Dios, no a su propia persona, como acostumbraban hacer los filósofos antiguos.

En la introducción ha mencionado que los tesalonicenses son imitadores suyos, porque en medio de «una gran tribulación» han recibido la palabra. Ahora vuelve a tocar la temática de las tribulaciones o persecuciones, pero al hablar de su ministerio (2.2). Pablo sigue presentándose a sí mismo y a sus colaboradores como ejemplos de haber pasado por tribulaciones por causa del evangelio. Esto servirá para motivar a los tesalonicenses en medio de las circunstancias presentes.

El segundo principio que vemos es que la autoridad para comunicar la palabra de verdad viene por la aprobación de Dios. Pablo deja claro que la palabra del evangelio que les comunicó a través de exhortaciones «no procedió de error, ni impureza, ni fue por engaño» (2.3). En la antigüedad falsos filósofos utilizaban el error y el engaño como medios para lograr beneficios propios. Lo contrario a esto es que Dios aprobó a los apóstoles y les confío el evangelio (2.4). El ministerio apostólico de Pablo y sus colaboradores tiene el sello de Dios. Dios les dio autoridad para ejercer el ministerio de comunicar el evangelio. El tener la aprobación divina para el ministerio a ejercer debe ser la base de cualquier persona que pretenda comunicar la palabra de Dios.

El tercer principio ministerial que encontramos es que Pablo no procura «agradar a los hombres, sino a Dios» (2.4) y no busca honor y beneficios propios. Al apóstol le interesa agradar a Dios, que es quien prueba los corazones. Esto habla de sinceridad y honestidad. La honestidad del apóstol la vemos también cuando les recuerda a los tesalonicenses, al decirles nuevamente «como sabéis» (2.5), que él no les habló con «palabras lisonjeras» (2.5) o aduladoras, ni por avaricia o afán de lucro. En la antigüedad los falsos filósofos adulaban a su audiencia con el propósito de sacarle ventaja económica. Pablo pone a Dios como testigo de que él no se conduce de esta manera. En nuestros tiempos, como en todos los tiempos, podemos encontrar quienes intencionalmente utilizan el ministerio para lucrar. La actitud correcta debe ser la del apóstol Pablo.

El apóstol no busca honor y beneficios para sí mismo. Dice que no busca «gloria de los hombres» (2.6), ni de los tesalonicenses u otras personas. En 2 Corintios Pablo dice que «no es aprobado el que se alaba a sí mismo, sino aquel a quien Dios alaba» (2 Co 10.18). En el v. 2.6 la temática de no buscar honra para sí está directamente ligada con el no recibir ayuda financiera. Aunque Pablo y sus colaboradores tienen el derecho de recibir ayuda de los tesalonicenses y de otras iglesias, no lo hacen así. Notemos que al decir esto menciona por primera y única vez en la carta la designación de su ministerio, «apóstoles de Cristo» (2.6). Por causa de lo que hacen y son en Cristo, a las iglesias les corresponde sostenerles. Era costumbre antigua que los filósofos o sabios reclamaran derecho y autoridad en lo económico, en base a la sabiduría que tenían.

Procuraban la honra para a su vez alcanzar otros beneficios. Posiblemente por estos conceptos de la cultura de esos tiempos vemos que Pablo enlaza la temática de no gloriarse a sí mismo con el no ser sostenido económicamente.

Pablo prefiere no imponer su autoridad apostólica. Prefiere trabajar y fatigarse «de día y de noche para no ser gravoso» (2.9), o de carga para las iglesias mientras predica el evangelio. En otros de sus escritos encontramos este mismo principio (2 Ts 3.7-9; 1 Co 9.11-16). En particular, en 2 Tesalonicenses, la fraseología que Pablo usa es la misma de 1 Tesalonicenses, al decir que él y los apóstoles trabajaron «con afán y fatiga día y noche, para no ser gravosos» (2 Ts 3.8). También añade que con esto les servían de ejemplo a imitar (2 Ts 3.9). Vemos cómo Pablo cuidaba su conducta en cuanto al aspecto financiero de tal manera que fuese ejemplo a las iglesias. Cuando más adelante exhorte sobre el trabajo (4.11), él mismo ha sido ejemplo de alguien que trabaja para sostenerse. En cuanto al tipo de trabajo, no se menciona en la carta, pero muy posiblemente era una labor manual (1 Co 4.12), como la de hacer tiendas, que era su oficio (Hch 18.3).

El cuarto y último principio que queremos tratar es el cuidado y amor de los apóstoles por las iglesias. Pablo usa la metáfora maternal. Dice que han cuidado a los tesalonicenses «como la nodriza que cuida con ternura a sus propios hijos» (2.7) (RV, 1960). No tiene ningún inconveniente con expresar sus sentimientos usando una imagen femenina de la madre-nodriza que nutre y da cuidado con ternura. También esta imagen metafórica se usaba para describir la amabilidad que debería tener un filósofo con sus alumnos: se decía que debía ser como la nodriza. Pablo sigue describiendo su amor y el de sus acompañantes y dice que es tan grande que hubieran querido entregarles no sólo el evangelio, sino aun sus vidas (2.8). De hecho, habían estado en peligro por causa de predicarles el evangelio. Vuelve a expresar su afecto al decirles que han «llegado a sernos muy queridos» (2.8). Las personas llamadas al ministerio deben, como el apóstol, amar y cuidar a aquellas personas a las cuales ministran. El ministerio no debe ser hecho como carga, sino con amor y pasión por las vidas.

Los vv. 10 al 12 resumen la conducta y ministerio de Pablo y sus acompañantes. El apóstol vuelve a traer a la memoria de su audiencia cosas que ya saben. Esto lo vemos en la frase «sois testigos» (2.10) y «sabéis» (2.11). Pone a los tesalonicenses y a Dios como testigos de cómo se han conducido con esta iglesia. Su conducta ha sido santa, justa e irreprochable (2.10). Los primeros dos términos son característicos de la conducta que se esperaba de Israel como pueblo escogido de Dios. Pablo usa el término «irreprochable» —o irreprensible— para hablar de la conducta cristiana (Flp 1.10; 2.15; Col 1.22), y en las cartas pastorales es uno de los requisitos para las personas llamadas al ministerio (1 Ti 3.2, 10; 5.7; Tit 1.6, 7). Pablo ha modelado la conducta que espera que los tesalonicenses alcancen y que más adelante mencionará en sus oraciones, usando otra vez la palabra «irreprochable» (3.13; 5.23). El apóstol les está diciendo que él y sus acompañantes se han conducido como se espera de quien es llamado por Dios.

El trabajo ministerial era enseñar, exhortar y consolar para instar a los tesalonicenses a vivir la vida cristiana como es digno de Dios. El apóstol usa la imagen de la relación padre-hijo para describir su trabajo. Encontramos esta imagen muy frecuentemente en sus escritos para hablar de su relación con sus iglesias y con sus colaboradores (1 Co 4. 14-15, 17; 2 Co 6.18; Flp 2.22; Flm 10). Esta era otra de las imágenes (además a la de la nodriza) que se usaba para hablar del trato y cuidado que deberían tener los maestros filósofos con sus oyentes. Se usaba frecuentemente en las exhortaciones morales. Recordemos que esta carta es de tipo parenético o de exhortación.

Observemos que también encontramos la idea convencional de la consolación, ya que Pablo dice que consolaba a los tesalonicenses como un «padre a sus hijos» (2.11). Pablo sigue las convenciones de exhortación y consolación, pero a diferencia de los moralistas griegos lo que procura es que sus oyentes puedan alcanzar la conducta que agrada a Dios. Esta es la conducta que se espera de aquellas personas a quienes Dios «llamó a su reino y gloria» (2.12). La razón para conducirse de esta forma es que la persona creyente ha sido llamada a pertenecer al reino de Dios y a participar de su gloria. Aquí Pablo debe estar apuntando tanto a la vida cristiana en el tiempo presente como a la gloria venidera —guardando esto último relación directa con la temática de la venida del Señor que trata en la carta. Vemos a un Pablo que ama a sus hijos espirituales, que ha cumplido su función de maestro y padre con excelencia, y que sigue cuidando y exhortando, a través de su carta, para que los tesalonicenses alcancen a conducirse como es digno del reino de Dios y de la herencia eterna.

2. La obra de Dios en los tesalonicenses (2.13-16)

En esta sección Pablo vuelve a hablar de cómo sus destinatarios respondieron a su predicación y del testimonio de esta iglesia a pesar de las persecuciones. Los tesalonicenses recibieron la palabra de Dios como lo que es, «no como palabra de hombres» (2.13). Muchos maestros y filósofos enseñaban palabras de sabiduría, especialmente en lo concerniente a aspectos éticos y morales. Pablo no les predicó su propia palabra, sino la palabra de Dios, la palabra de verdad. Los tesalonicenses no sólo la oyeron, sino que la recibieron en sus corazones. Pablo personifica la palabra de Dios al decir que «actúa en vosotros los creyentes» (2.13) para demostrar su efectividad. Los tesalonicenses recibieron la palabra de Dios en medio de gran tribulación (1.6) y fue efectiva en sus vidas.

En el v. 14 Pablo vuelve a utilizar la retórica de la ejemplificación. Ahora habla de cómo los tesalonicenses han imitado a las iglesias de Judea en el padecimiento. Dice que han padecido de los de su «propia nación» (2.14). La frase «propia nación» puede referirse a griegos o judíos. El término griego que se utiliza (sumfuletes) significa «compatriota», y se usaba más para referirse a los gentiles. Una posibilidad es que esté hablando de ciudadanos griegos de Tesalónica. Los padecimientos pudieran ser los incidentes que pasaron cuando se predicó la palabra en Tesalónica, donde las autoridades romanas, instigadas por los judíos, persiguieron a algunas de las personas que habían creído el evangelio (Hch 17.4-8). Pudiera referirse también a cualquier otro tipo de tensión causada por el fuerte imperialismo romano de esos tiempos. De ser así, la comparación que se hace con los padecimientos de las iglesias de Judea se aplicaría sólo en lo que tiene que ver con el padecer «las mismas cosas» (2.14), las mismas persecuciones, y no en los otros aspectos.

Si la frase «propia nación» se refiere a judíos, tendríamos que pensar que Pablo se está dirigiendo a una porción de la iglesia que era judía, y que el ejemplo de la iglesia de Judea lo está aplicando en todos los aspectos mencionados, no sólo en lo referente a las mismas persecuciones. Sea que la frase «propia nación» se refiera a compatriotas griegos o a judíos, lo importante es que al haber pasado por persecución, los tesalonicenses vinieron a ser imitadores de las iglesias de Judea.

Pablo da más detalles sobre los oponentes judíos de Judea. Dice que mataron a Jesús y a los profetas y expulsaron a Pablo y a sus acompañantes. Sabemos que las autoridades romanas fueron las que dictaron sentencia contra Jesús, pero quienes instigaron y le entregaron al gobierno romano fueron los líderes judíos. Jesús mismo mencionó la idea de que los antepasados judíos habían perseguido a los profetas, y los judíos conocían de esta tradición (Mt 5.12; 23.30-39; Lc 6.23; 11.47-51; Hch 7.52). Pablo también dice que los oponentes judíos de Judea «no agradan a Dios y se oponen a todos los hombres» (2.15), e impiden que los apóstoles prediquen la palabra de salvación a los gentiles. El v. 16 habla de las consecuencias que tendrán. La frase «colman siempre la medida de sus pecados» es una forma de lamentación usada por los judíos. Jesús usó esta idea al hablar de los escribas y fariseos como hijos de quienes mataron a los profetas y que ahora colmaban la medida de sus padres (Mt 23.31). En la segunda parte de la oración Pablo evidencia lo que ha dicho antes: «pues vino sobre ellos la ira hasta el extremo» (2.16). La consecuencia del pecado es la ira de Dios. Este es un concepto veterotestamentario. Pablo puede estar hablando en forma general de que el persistir en pecar trae juicio. También puede referirse a algo que ya ha pasado, como a la matanza de los judíos en el patio del templo (49 d. C.), a la expulsión de los judíos de Roma (49 d. C.) o a cualquier otra persecución sufrida por la comunidad judía en los tiempos del apóstol. Otra posibilidad es que signifique la ira que les ha llegado hasta el tiempo del fin, teniendo entonces un sentido apocalíptico.

Lo que Pablo dice de los judíos que persiguieron a la iglesia de Judea no significa que esté en contra de la raza judía. Está contando lo que aconteció en el pasado a las iglesias de esa región, así como a Jesús, y el juicio que estas personas tuvieron o tendrán. En Romanos Pablo habla de su identificación y sus sentimientos de tristeza y dolor por los judíos y de cómo ora por los de su raza (Ro 9.2-3; 10.1). Pero en Tesalonicenses Pablo habla, como ejemplo específico, de aquellas personas judías que se opusieron al evangelio en Judea. De la misma forma los Tesalonicenses han sido perseguidos. Más adelante volverá a hablar de padecimientos y de cómo les había dicho con anticipación que sufrirían aflicciones (3.4).

Con todo lo que Pablo ha dicho se propone señalar que, al padecer por recibir la palabra, los tesalonicenses han imitado el ejemplo de los apóstoles, de la iglesia de Judea, de Jesús y de los profetas. Pablo da gracias a Dios por la perseverancia de sus destinatarios en medio de los sufrimientos. También el recordarles estos ejemplos, y cómo la iglesia de Tesalónica pudo sobrepasar las persecuciones pasadas, va a servirles a los tesalonicenses que ahora están atravesando por aflicciones. Las personas creyentes pasamos por diferentes tipos de circunstancias, incluso algún tipo de persecución, por causa de la palabra de Dios. Debemos recordar las experiencias pasadas y la perseverancia de otras personas o nuestras propias experiencias para motivarnos a mantenernos agradando a Dios en todo.

3. Ausencia de Pablo (2.17-20)

Las persecuciones que pasó Pablo en Tesalónica le llevaron a tener que salir de la ciudad (Hch 17.10). Aunque ha intentado visitarles no ha podido. Es por eso que en los vv. 19 al 20 el apóstol habla sobre su ausencia de la iglesia y expresa cómo se siente. Dice que no ha estado en persona con la iglesia por un poco de tiempo, pero sí ha estado «de corazón» (2.17) —expresión que se usaba para demostrar el afecto cuando no se podía estar presente. Pablo va más allá cuando dice «deseábamos ardientemente ver sus rostros» (2.17), pues se sentían que estaban huérfanos. El apóstol usa lenguaje que expresa tristeza y lamentación profunda por no haber podido verles, como cuando alguien pierde a sus progenitores. Aquí encontramos un elemento de la tradición de consolación, el identificarse con su audiencia como si hubiera muerto alguien de la propia familia.

En el v. 18 vuelve a enfatizar sus intentos de visitarles y atribuye a Satanás los impedimentos que tuvo. En 2 Corintios Pablo habla de no ignorar las «maquinaciones» (2 Co 2.11) de Satanás, pero el que Satanás impida algo que Pablo se ha propuesto lo encontramos sólo en esta carta. En Romanos Pablo dice que se ha visto impedido de ir a visitar a la iglesia (Ro 15.22) y la razón que da es por haber estado predicando la palabra en diferentes lugares (Ro 15.19-20). En 1 Tesalonicenses no se explica el impedimento que tuvo, pero la palabra griega para impedimento es *enkopto* que significa estorbar, y se usaba para cuando se cortaba una carretera o se ponía un obstáculo en el camino para impedir el paso. Al Pablo usar este término les deja ver a sus destinatarios que ciertamente se había propuesto visitarles, pero tuvo un impedimento grande de parte de Satanás.

Encontramos en los vv. 19-20 que el apóstol vuelve a tratar el tema de la venida del Señor. Dice que los tesalonicenses son su «esperanza, gozo o corona» (2.19). Vimos esta misma idea en la carta a los Filipenses (Flp 4.1). Cuando un rey o gobernante helenista llegaba de visita a un lugar se le daba una guirnalda o corona de gloria. También se usaba una guirnalda o corona para los vencedores en los juegos atléticos. Era un símbolo que representaba triunfo (1 Co 9.24-25). Pablo está diciendo que los tesalonicenses serán su gloria o gozo, recompensa o premio cuando Jesús venga. Esto les imparte ánimo y aliento de que alcanzarán la gloria venidera. A su vez, continúa preparando su audiencia en cuanto a la futura venida del Señor, tema que tratará más adelante.

Los Tesalonicenses son su corona y gozo también en el tiempo presente (2.20). Vemos que aunque Satanás impidió su visita, no le pudo quitar su gozo. La gloria y gozo de una persona creyente, especialmente de quienes están en alguna labor ministerial, está en el fruto de las personas a quienes se ministra, se enseña o se ayuda en su caminar en la vida cristiana. Esto es así en el tiempo presente y ante el Señor en su venida.

4. Envío de Timoteo e informe (3.1-3.13)

El apóstol vuelve a enfatizar su interés y deseo sincero de visitarles cuando dice, «no pudiendo soportarlo más» (3.1), al hablar de no estar presente en la iglesia. Nuevamente vemos que para él es importante que sus destinatarios conozcan sus sentimientos. Debido a que Pablo no pudo ir, se quedó en Atenas y envió a Timoteo como su representante. Cuando se enviaba a un representante se le recomendaba para así autorizarle. Aunque ya Timoteo regresó, Pablo le recomienda altamente cuando dice que es «nuestro hermano, servidor de Dios y colaborador nuestro en el evangelio de Cristo» (3.2). En nuestro estudio de Filipenses vimos también cómo Pablo en el saludo introduce a Timoteo como siervo (Flp 1.1) y luego lo recomienda (2.19-24). Pero en 1 Tesalonicenses usa una palabra diferente, «colaborador», término con el cual Pablo acostumbraba designar a quienes trabajaban a la par con él. Con esto el apóstol reconoce a Timoteo y su labor. Cuando más adelante exhorte a los tesalonicenses a reconocer a los que trabajan en el Señor (4.12), ya él les ha dado ejemplo de ello.

Como representante y colaborador de Pablo, la función de Timoteo fue confirmar y exhortar a los tesalonicenses en la fe, labor que Pablo mismo había hecho antes (3.3, 11). El propósito de exhortarles y confirmarles fue que no se inquietasen por las tribulaciones que estaban pasando. Vuelve a repetirse el tema de las tribulaciones pasadas. Ahora les trae a la memoria algo que ya conocen cuando dice: «pues vosotros mismos sabéis que para esto estamos puestos» (3.3). Seguramente Pablo les había enseñado que las personas creyentes que pasan por conflictos y aflicciones deben saber que esto es parte de la vida cristiana. Este es uno de los principios sobre el padecimiento en las enseñanzas de Pablo en sus cartas, como vimos en nuestro estudio de Filipenses. Otra posibilidad es que la frase «para esto estamos puestos» (3.3) apunte hacia aflicciones en el sentido apocalíptico, ya que se creía que antes de la consumación de los tiempos habría un período de aflicciones o sufrimientos (Dan 12.1; Jer 30.7). Esto guardaría armonía con la forma en que Pablo habla de la venida del Señor en 1 Tesalonicenses en un sentido inminente, como que algo que está por venir, aunque no ha venido todavía. Continúa recordándoles lo que les había predicho en cuanto a que iban a pasar tribulaciones, y ahora confirma que sí acontecieron y que esto también lo saben. Un elemento típico de las exhortaciones en la antigüedad era el anuncio de problemas o dificultades por venir para que las personas estuviesen preparadas. No se da más información acerca de cuáles son las tribulaciones, pero sabemos que había habido persecución por haber creído a la palabra; la iglesia fue separada de los líderes que la fundaron; algunas personas de la iglesia habían muerto (4.13), y también se debe incluir cualquier otro tipo de problema o circunstancia difícil.

Nuevamente repite la expresión «no pudiendo soportar más» (3.5), dando énfasis a sus sentimientos. Ahora menciona otro de sus propósitos al enviar a Timoteo a informarse de la fe de la iglesia. Pablo tenía temor de que «el tentador les hubiera tentado» (3.5) y que la labor realizada en la iglesia se hubiera desvanecido. Satanás, el tentador, había estorbado a Pablo en sus intentos de visitarles. No es de extrañar que Pablo tuviese temor de que el tentador también hubiera afectado a los tesalonicenses.

Los vv. 3.6-10 hablan acerca del informe de Timoteo y su efecto positivo en Pablo. Timoteo trajo buenas noticias sobre la fe de los tesalonicenses. Cumplió su cometido de confirmar y exhortarles en la fe. Las buenas noticias confirmaron el amor de los tesalonicenses por el apóstol. El amor y el deseo de verse son mutuamente correspondidos. La iglesia «siempre» (3.6) le recuerda con cariño (3.6), así como Pablo se acuerda sin cesar de ella (1.2). Los tesalonicenses desean ver a Pablo (3.6); de igual forma Pablo desea verles (2.17). El informe que recibió sirvió de consolación para él y sus acompañantes, que estaban atravesando por cierta necesidad (3.7) —posiblemente una necesidad física— y aflicción. Es como si las buenas noticias disiparan las aflicciones. La línea de pensamiento continúa en el v. 8 con la idea de estar como muerto por no saber de la iglesia y volver a vivir al saber que están firmes en el Señor. Nuevamente se ve que Pablo no tiene reservas en expresar su añoranza por esta iglesia. Observemos también que se repiten los temas de la consolación y la aflicción.

Las buenas noticias provocan en Pablo gozo y acciones de gracias a Dios. El gozo en el Señor es un tema que Pablo usualmente menciona en sus cartas. Como vimos en el estudio de Filipenses, el gozo en la vida cristiana se fundamenta en Cristo y se deriva a su vez de la relación cercana entre las personas creyentes, como vemos también en 1 Tesalonicenses. Las buenas noticias también provocan más deseos de continuar orando con insistencia para poder verles y «completar lo que falte» (6.10) a su fe. El apóstol se propone seguir confirmándoles y ayudarles a continuar creciendo en la fe.

Este pasaje (3.6-10) nos deja ver las tensiones que se pasan en el liderazgo por amor a las personas a quienes se ministra. Vemos también cómo el trabajo en equipo de los líderes tiene resultados positivos, y la necesidad de reciprocidad en las relaciones entre los líderes y las personas a quienes se sirve en el Señor.

Los vv. 13.11-14 contienen una oración de bendición donde se resume lo que se ha dicho antes. Esto es característico de este tipo de oración. El apóstol ora por poder ir a verles, mostrando otra vez su preocupación por la iglesia. Pide en su oración que crezcan en amor mutuo y que extiendan este amor a las demás personas, así como él y sus colaboradores les aman. Esto le recordará nuevamente a la iglesia el afecto que Pablo tiene por ella. Desea que los corazones de los tesalonicenses sean afirmados, propósito por el cual deseaba verles, envió a Timoteo y ahora les escribe esta carta. Además desea que Dios les haga «irreprochables en santidad» (3.13) para la venida del Señor. Evidentemente todas estas temáticas han estado presentes en la carta y esta bendición funciona como resumen de lo presentado hasta ahora.

También esta oración (3.11-13) anuncia temas que se van a tratar más adelante en las exhortaciones: el amor fraternal (4.9-10), la vida de santidad (4.1-8) y la venida del Señor (4.13-5.11). Esta oración está estratégicamente ubicada, ya que resume una parte de la carta y apunta a lo que sigue. Luego el apóstol pasa a dar exhortaciones específicas (capítulos 4 y 5) que sus destinatarios necesitan escuchar, y que estudiaremos en nuestra próxima sección.

B. Exhortaciones en cuanto a la conducta que agrada a Dios (4.1-12)

Esta sección comienza con un llamado general a conducirse y agradar a Dios, seguido de exhortaciones morales específicas, principalmente en cuanto a la santidad y el amor. En el llamado inicial (4.1) se nos dice lo que Pablo va a hacer a continuación: exhortar, lo que ha sido gran parte de su función ministerial con esta iglesia. Esto denota que está siguiendo la línea típica de una carta de exhortación. Vuelve a apelar a la ejemplificación al pedirles que imiten lo que aprendieron de él y sus colaboradores en lo concerniente a la conducta que agrada a Dios. Como dijimos, la ejemplificación o presentación de modelos es una de las herramientas de la exhortación.

Es bueno señalar que el que Pablo les dé estas instrucciones específicas no implica que los tesalonicenses estaban fallando en las cosas que va a mencionar. Por el contrario, en el v. 4.1 les dice que como están andando, así sigan abundando más y más. La Versión Reina Valera Actualizada se acerca más al texto griego cuando dice: «Por lo demás... acerca de cómo conviene andar y agradar a Dios, tal como estáis andando, así sigáis progresando cada vez más» (1 Ts 4.1). Recordemos además que en el capítulo 1 el apóstol habla de cómo esta iglesia, muchos de cuyos miembros han salido de la idolatría, ha sido ejemplo para otras en su servicio a Dios (1.9). Aunque están agradando al Señor en su conducta, Pablo les exhorta, como buen pedagogo, a seguir avanzando o progresando en el caminar que agrada a Dios.

1. La vida de santidad (4.1-8)

En el v. 2 Pablo usa la práctica retórica de traer a la memoria las enseñanzas que le había antes comunicado a la iglesia, las cuales no eran suyas propias, sino de parte del Señor Jesús (4.2). Les dice que la «voluntad de Dios es vuestra santificación» (4.3). Dios quiere y espera que quienes le sirven vivan en consagración de santidad. En el paganismo que los tesalonicenses habían practicado antes de abrazar el cristianismo

(1.9), la consagración de una persona a un dios o diosa no requería vivir en santidad, pero no es así en el cristianismo. Pablo explica su argumento con un listado sobre lo que concierne a la santificación. Trata asuntos que tienen que ver con la conducta sexual. La santificación no se limita a lo que sí uncluye en este listado. Estas son las enseñanzas dadas a los tesalonicenses. En otras cartas los listados son más largos, como vimos en Colosenses.

Lo primero que menciona es el apartarse de la «fornicación» (porneia) (4.3). Como dijimos en el estudio de Colosenses, la palabra «fornicación» denota inmoralidad sexual en general, dentro o fuera del matrimonio. En la cultura grecorromana era común que los hombres solteros tuviesen relaciones sexuales con prostitutas, personas esclavas y con otros hombres. En el judaísmo y en el cristianismo es todo lo contrario, pues se demanda la pureza sexual. Lo segundo que trata es que cada uno «sepa tener su propia esposa en santidad y honor» (4.4). Literalmente este versículo dice «su propio vaso» La palabra griega es *skeous* y significa un vaso de barro o vasija. En 4.4 se usa en sentido metafórico y se puede traducir como esposa o «cuerpo» (RVA). Lo que está claro en los vv. 3 y 4 es que se requiere pureza sexual para el hombre, tanto si se es casado como si es soltero. Aunque en su carta Pablo se refiere literalmente al sexo masculino, estos principios son para toda persona creyente.

Lo opuesto a santidad y honor son las pasiones desordenadas. Los gentiles «que no conocen a Dios» (4.5) andan en este tipo de pasiones. Pablo presenta un ejemplo negativo de los gentiles para reafirmar lo que está diciendo, ya que era conocido el tipo de vida licenciosa de los gentiles. Las religiones paganas no promovían la pureza sexual. Al contrario, la inmoralidad sexual se permitía y hasta los dioses y diosas eran inmorales. La ciudad de Tesalónica proveía un ambiente pagano y los tesalonicenses conversos estaban expuestos a él. Hacía poco tiempo que la mayoría de las personas creyentes de Tesalónica habían salido del paganismo. Es por esto que Pablo reitera lo que es santidad.

Lo tercero que se menciona es no engañar (4.6) y está ligado a lo dicho anteriormente. La Versión Reina Valera Actualizada se acerca mucho al idioma griego en su traducción y dice: «y que en este asunto nadie atropelle ni engañe a su hermano» (1 Ts 4.6). La frase «este asunto» se refiere a lo que antecede, la instrucción a conducirse en santidad y honor con la esposa. También se puede referir a la fornicación (4.3).

Pablo advierte que Dios es vengador de aquellas personas que engañan a otras con inmoralidad o impureza sexual. Se ha sugerido que Pablo está hablando en este versículo (4.6) de engaño relacionado a asuntos de negocio, pero tomando en consideración la frase «este asunto» y lo que dice en el próximo versículo (4.7), se puede decir que el apóstol no ha cambiado de tema. El v. 4.7 resume lo dicho hasta ahora: «Dios no nos ha llamado a inmundicia, sino a santificación». Dios nos ha llamado a tener una vida sexual decente, que guarde armonía con los principios de su palabra.

Las exhortaciones en cuanto a la santificación terminan con una advertencia. La persona que «desecha esto, no desecha a hombre, sino a Dios» (4.8). La palabra «esto» se refiere a lo dicho anteriormente, que Dios nos ha llamado a la santificación. La palabra para desechar es atheteo, que tiene el significado de anular, de dejar a un lado. Pablo está diciendo que al desechar la santidad se está desechando o dejando a un lado a Dios. Dice además que Dios fue quien «también nos dio su Espíritu Santo» (4.8). Al darnos su Espíritu Santo, Dios nos equipó para poder vivir la vida cristiana en santidad. Cuando se rechaza las intenciones del Espíritu de Dios de llevarnos a la santidad, no «se desecha a hombre, sino a Dios». Dios es santo y demanda santidad. En nuestros tiempos estamos expuestos a la permisividad de nuestra sociedad, especialmente en lo que tiene que ver con el sexo. Pero aunque los tiempos cambian y los valores morales de la sociedad van cambiando, los principios de conducta moral de la palabra de Dios siguen siendo los mismos.

2. El amor fraternal y la conducta ordenada (4.9-12)

En cuanto al amor fraternal, el apóstol afirma que ya los tesalonicenses lo están practicando. La palabra para amor fraternal es *philadelphias*. En el griego de la Septuaginta (la traducción al griego de las escrituras hebreas) se utiliza la palabra *philadelphias* para referirse al amor de personas unidas por lazos de sangre. Pablo va más allá: la usa para referirse al amor entre quienes han creído en Cristo y pertenecen a la familia de la fe. Dice que no tienen necesidad de que les escriba sobre el amor fraternal, ya que fueron enseñados por Dios a amarse mutuamente. Pablo conoce que esta iglesia practica el amor también con las otras iglesias que están en Macedonia. Aunque no necesitan que se les escriba sobre el amor, al traerles el tema les reafirma en lo que ya están haciendo. Además les pide que sigan progresando en el amor fraternal. La familia cristiana es una comunidad de amor y se debe caracterizar por esto. Este amor también debe extenderse hacia las demás personas (3.12).

Los vv. 4.11-12 tratan sobre la conducta ordenada en cuanto al trabajo y para con quienes no son creyentes. Encontramos dos principios importantes. El primero es que las personas creyentes deben procurar atender sus asuntos y sostenerse a sí mismas económicamente. Pablo les exhorta a procurar tener tranquilidad, ocupándose en los negocios y trabajando con sus manos. El tener tranquilidad tiene que ver con ocuparse de los asuntos propios de la persona. Se podría referir también a ciertas ideas filosóficas de no envolverse en la vida pública en general, pero es más probable que se refiera a procurar tranquilidad por causa de la de hostilidad de las autoridades romanas locales en contra de las personas cristianas. Además tiene que ver con el conducirse correctamente en asuntos de negocios y con ganarse el sostén. Como lo mencionamos, el apóstol se sostenía a sí mismo (2.9; 2 Ts 3.7-9; 1 Co 9.11-16), trabajaba con sus manos de día y de noche para no ser de carga para las iglesias. Es por eso que puede presentarse como modelo para los tesalonicenses al exhortarles a trabajar con sus manos «de la manera que os hemos enseñado» (4.11). En la sociedad romana la clase alta menospreciaba el trabajo manual. Pablo entiende que el trabajo manual, uno de los principales medios de sostén para la mayoría de las personas en sus tiempos, es digno. En 2 Tesalonicenses le dedica más tiempo a hablar sobre el tema de sostenerse financieramente (2 Ts 3.6-12). Este pasaje se estudiará en el próximo capítulo, pero queremos mencionar que el hecho de que Pablo toma tiempo para tratar nuevamente sobre este tema en 2 Tesalonicenses deja ver que muy posiblemente había algunas personas ociosas en la iglesia.

El segundo principio es que las personas creyentes deben conducirse «honradamente para con los de afuera» (4.12). Literalmente diría, proveer una buena forma para los de afuera. Se espera que el modelo de vida o lo que «los de afuera» ven en la conducta de las personas creyentes sea algo bueno. Este principio se relaciona directamente con el tema del sostén, pues la segunda parte del v. 11 dice «y no tengáis necesidad de nada» (4.12). Las personas creyentes deben ser conocidas en la comunidad donde viven como personas trabajadoras que se sostienen dignamente, no como quienes procuran depender de otras personas obteniendo provecho económico. Para Pablo es importante el estilo de vida que se manifieste ante las personas no creyentes. Desde fuera, usualmente se observa la conducta de quienes son parte de la iglesia no sólo en asuntos económicos, sino en la vida social en general.

En esta sección hemos visto que la conducta que agrada a Dios es aquella que procura la santidad y la buena conducta moral en armonía con los principios divinos, pero es también aquella conducta que toma en consideración a las demás personas, creyentes y no creyentes. Lo que se es en lo individual afectará nuestras relaciones humanas. Lo que somos individualmente se debe proyectar para bien de las demás personas.

C. Instrucciones y exhortaciones en cuanto a la venida del Señor (4.13-5.11)

En esta sección Pablo trata la temática de la venida del Señor. La dividiremos en dos pasajes: 4.13-18 y 5.1-11. Es bueno recordar que cuando Pablo escribe lo hace para tratar unas situaciones específicas. Los tesalonicenses estaban preocupados por lo que pasaría con los muertos en Cristo en la venida del Señor. Tenían también la interrogante de cuándo sería el tiempo de esa venida. El propósito de ambos pasajes, que contienen muchas imágenes apocalípticas, es consolar y exhortar. Ambos tratan diferentes aspectos de una misma temática. El primero (4.13-18) habla del orden de acontecimientos en torno a la resurrección de los muertos y el arrebatamiento de los vivos. El segundo (5.1-11) trata sobre el tiempo desconocido del día del Señor en un contexto de juicio. No pretendemos presentar toda una doctrina en forma sistemática sobre la venida del Señor. Para esto hay que tomar en cuenta todo lo que la Biblia dice sobre este tema. Estudiaremos estos pasajes dando énfasis a lo que el apóstol se propone lograr con sus destinatarios.

1. Consuelo en la esperanza de la venida del Señor (4.13-18)

Éste es un pasaje de consolación. Como mencionamos, el propósito de la tradición de consolación es confortar a las personas cuando se pasaba por situaciones difíciles que traían inseguridad o dolor. Los tesalonicenses habían pasado y estaban pasando por tribulaciones, así como por la pérdida de algunos de los miembros de la iglesia. Pablo utiliza la retórica de sus tiempos para consolar a los tesalonicenses y dar instrucciones en cuanto a la venida del Señor. Se acostumbraba apelar a la esperanza para dar consuelo. Pablo apela a la esperanza en la venida del Señor para dárselo a los tesalonicenses.

Esta sección comienza con la idea de no ser ignorantes en cuanto a los muertos en Cristo. Muy posiblemente los tesalonicenses tenían alguna idea equivocada sobre este tema, y esto es lo primero que trata el apóstol. Algunos miembros de la iglesia habían muerto y los tesalonicenses estaban entristecidos. No sabemos si estas muertes tienen relación con las persecuciones. Posiblemente los tesalonicenses pensaban que la venida del Señor ocurriría en sus tiempos, y al ver morir a algunas personas vinieron la preocupaciones e inseguridades en cuanto a este tema. Pablo los consuela dándoles esperanza. Para esto presenta un cuadro de los tiempos finales. Esta esperanza está basada en que «Jesús murió y resucitó» (4.14) y en creer en ello. De igual forma, quienes murieron en Cristo resucitarán y vendrán con Jesús. Quienes no tienen esperanza, «los otros» (4.13), se entristecen, pero no debe pasar así con los tesalonicenses. (Nótese que el tema de la fe o creer está aquí ligado al de la esperanza).

Lo segundo es lo que pasará con los que todavía estén vivos. Pablo les da seguridad en cuanto a lo que va a decir: « ...decimos esto en palabra del Señor» (4.15). Sus palabras no son propias, sino que son enseñanzas que provienen del Señor. En la consolación es importante impartir seguridad en medio de las incertidumbres y tristezas. El apóstol dice que el orden que sigue es «que nosotros que vivimos, que habremos quedado hasta la venida del Señor, no precederemos a los que durmieron» (4.15). En 1 Corintios Pablo trata el tema de la resurrección de los muertos y la venida del Señor y da el mismo orden de acontecimientos (1 Co 15.50-52). En cuanto a los «que durmieron», se refiere a los muertos; tanto en el Antiguo como en el Nuevo Testamento se usa esta expresión para hablar de los que ya han muerto. También los griegos usaban la idea de dormir para referirse a los muertos. Vemos aquí, como habíamos dicho antes, que para Pablo la venida del Señor es inminente. Él se cuenta entre aquellas personas que estarán vivas en la tierra cuando ocurra la venida del Señor. En 1 Tesalonicenses parece que Pablo creía y vivía esperando que el Señor vendría en sus tiempos.

Lo tercero que dice es que el Señor «descenderá del cielo» (4.16), y describe una venida gloriosa y majestuosa. Vendrá «con voz de mando, con voz de arcángel y con trompeta de Dios» (4.16). La palabra griega para mando es keleou y significa ordenar o mandar en el sentido militar. Luego, el uso de esta palabra señala que Cristo viene en son de conquista. En cuanto a la idea de «voz de arcángel», el único arcángel que se menciona en la Biblia es Miguel (Jud 9; Ap 12.7). El entendimiento judío era que Miguel es el arcángel jefe. En el libro de Apocalipsis, escrito algunas décadas después de 1 de Tesalonicenses, Miguel es el líder de los ángeles (Ap 12.7). Posiblemente Pablo tenía en mente a Miguel, pero es algo que no se puede precisar, ya que el texto de 1 Tesalonicenses no lo dice. Sí encontramos en el Nuevo Testamento que los ángeles se relacionan con la venida del Señor (Mt 13.39; 16.27; 25.31; Mc 8.38; Lc 9.36). Esto es particularmente cierto en el libro de Apocalipsis. Pablo habla además de una venida gloriosa en la que el Señor descenderá «con trompeta de Dios». La idea judía del día del Señor es que Israel será llamado con una trompeta para juntarse en uno (Is 27.13; Jl 2.1; Zac. 9.14). La trompeta se usaba en el Antiguo Testamento para juntar a Israel en un mismo lugar y también para la guerra. En Mateo, Jesús presenta esta misma idea al hablar de su venida cuando dice que «enviará sus ángeles con gran voz de trompeta y juntarán a sus escogidos» (Mt 24.31).

Pablo vuelve a tratar la temática de la resurrección de los muertos y establece nuevamente el orden de los eventos (4.17). Como buen pedagogo usa la repetición para que sus destinatarios estén claros y a su vez sean confortados. Los «muertos en Cristo resucitarán primero» (4.16). «Luego» los que viven serán «arrebatados juntamente con ellos en las nubes para recibir al Señor en el aire» (4.17). El término que Pablo usa para «arrebatar» es arpazo y significa llevar consigo en una manera súbita. Pablo usa esta misma palabra en 2 Corintios al decir que fue llevado al paraíso (2 Co 12.2.4). La palabra para «luego» es *epeita* y significa inmediatamente después. Implica que una cosa pasará inmediatamente después de la otra: los muertos resucitarán e inmediatamente los que viven serán arrebatados. La palabra griega para recibir es *apantesis*, y tiene la connotación de recibir a un dignatario, indicando esto la majestuosidad y gloria de la venida del Señor. En Filipenses Pablo habla de la venida del Señor en forma gloriosa al tratar la temática de la transformación de nuestros cuerpos (Flp 3.20-21). De igual forma la describe majestuosamente en 2 Tesalonicenses (2 Ts 1.10, que estudiaremos en el próximo capítulo).

En el v. 17 Pablo habla una vez más en primera persona plural, incluyéndose en el grupo de quienes viven y serán arrebatados a las nubes. Esto deja ver nuevamente que cuando Pablo escribe esta carta la venida del Señor le parece inminente. En 1 Corintios encontramos también este sentido inminente de la venida del Señor (1 Co 15.51-52). Les imparte nuevamente seguridad cuando dice «y así estaremos siempre con el Señor» (4.17). Los tesalonicenses deben saber que la persona creyente va a disfrutar permanentemente de la presencia del Señor. Por tanto deben alentarse «los unos a los otros con estas palabras» (4.18). Les exhorta a consolarse y animarse mutuamente. La iglesia es un cuerpo cuyos miembros se identifican unos con los otros en diferentes circunstancias, y se ayudan mutuamente (1 Co 1.21, 26). El consuelo mutuo debe basarse en lo que Pablo ha dicho, en creer que Cristo murió y resucitó, y que vendrá. Los tesalonicenses verán nuevamente a las personas queridas que han partido, y estarán para siempre con el Señor.

El consolar a los amigos era parte de las prácticas sociales en los tiempos de Pablo, pero la venida del Señor como temática para consolar es diferente. Con esto vemos que Pablo sigue las convenciones sociales de sus tiempos, pero como marco para las enseñanzas del evangelio. Se propone alentar a su audiencia que atraviesa por aflicciones diciéndole que en este tiempo presente hay esperanza de que el Señor vendrá. De igual forma en nuestros tiempos debemos alentarnos en la esperanza de que, ya sea que partamos antes de la venida del Señor o que vivamos, estaremos por siempre con él.

2. Exhortación a estar alerta (5.1-11)

Esta sección sigue tratando sobre la venida del Señor, pero con un énfasis en cuanto a cuándo ocurrirá y en un contexto de juicio. Además, el apóstol exhorta a estar alerta. Los tesalonicenses han preguntado cuándo será la venida del Señor. El pasaje inicia con la frase «acerca de» (5.1), que es característica en las cartas de Pablo cuando va a tratar un tema sobre el cual se le ha preguntado. En esta ocasión quieren saber sobre «los tiempos y las ocasiones» (5.1) de la venida del Señor. Los «tiempos y ocasiones» es un dicho que encontramos en el libro de Hechos en relación a la venida del Señor (Hch 1.7; 3.20-21). Pablo advierte que el tiempo de la venida del Señor no es algo que se pueda calcular. El haberle cuestionado indica que sus lectores se preocupan sobre esto. Pablo los tranquiliza diciéndoles que no tienen necesidad de que les escriba, porque ya conocen la enseñanza concerniente a los tiempos de la venida del Señor.

Pasa a detallar lo que ya conocen muy bien: «vosotros sabéis perfectamente» (5.2). El «día del Señor vendrá así como ladrón en la noche» (5.2). Esta fue una de las enseñanzas de Jesús (Mt 24.43; Lc 19.39-40) e indica que viene inesperada y repentinamente. Para los judíos el tiempo del día del Señor era desconocido. Nótese que aquí (5.2) Pablo habla del día del Señor, mientras en el pasaje anterior habla de la venida del Señor (4.15). En el Antiguo Testamento aparece la idea del día del Señor. Los judíos creían que el tiempo se dividía en dos eras, la presente y la futura. Entre ambas estaba el día del Señor. Éste conlleva juicio divino (Joel 2.31; Mal 4.5) y marca el inicio de la era futura. En el Nuevo Testamento el día del Señor es la venida del Señor. Como hemos dicho, este pasaje habla de la venida del Señor en un contexto de juicio.

El v. 5.3 da más detalles sobre lo repentino que será la venida. Vendrá una «destrucción repentina» (5.3) sobre los injustos, cuando crean que hay «paz y seguridad» (5.3). El Antiguo Testamento habla de profetas que falsamente proclamaban paz cuando realmente no la había (Jr 4.10; 28.9; Ez 13.10). Por otro lado los emperadores romanos aseguraban que habían establecido la paz y la seguridad. Lo repentino del juicio que vendrá se compara con la imagen de los dolores de parto, que llegan repentinamente cuando la criatura va a nacer. Esta imagen se usa repetidamente en el Antiguo Testamento para hablar de destrucción (Is 13.8; 21.3; Jer 4.31; Os 13.13). De este juicio repentino las personas no creyentes «no escaparán» (5.3).

En los vv. 4 al 9 se contrasta a quienes están en Cristo con los no creyentes al hablar de estar alerta. Quienes creen no están en tinieblas. Por lo tanto el día de la venida del Señor no les sorprenderá «como ladrón» (5.4). El apóstol no está contradiciendo lo dicho anteriormente sobre la venida del Señor, que será como «ladrón en la noche». El no sorprender no se refiere aquí al tiempo, sino a estar preparados. En Mateo vemos la misma advertencia (Mt 24.42). La razón por la que no les sorprenderá la venida del Señor es que son «hijos de luz e hijos del día» (5.5). Contrapone esta última idea con ser «de la noche» y «de las tinieblas» (5.5). Los «hijos de la luz» no «duermen» como las demás personas. «Los que duermen» son equivalentes a quienes son «de la noche» y de «las tinieblas». Quienes «duermen» lo hacen de noche, y también quienes se embriagan. Esta es la conducta licenciosa de quienes están en tinieblas, pero los «hijos de luz» no se conducen así. Por ello estarán preparados para la venida y no serán sorprendidos.

Pablo vuelve a hablar en primera persona plural en el v. 8, al exhortar a los tesalonicenses: « ...nosotros, que somos del día, seamos sobrios». En oposición con quienes se embriagan, las personas creyentes son «sobrias». Tener sobriedad implica haberse «vestido con la coraza de la fe y del amor, y con la esperanza de salvación como casco» (5.8) (Observemos la tríada fe-amor-esperanza). Esto implica que como nos hemos vestido con la vestimenta apropiada podemos ser «sobrios». Pablo usa la imagen del guerrero que está listo para la batalla. Encontramos esta misma imagen más ampliada en la carta a los Efesios (Ef 6.14-16). Se requiere que «los hijos de la luz» estemos vigilantes y preparados para la venida del Señor. Dios no nos «ha puesto para ira» (5.9) o juicio. Nos «ha puesto» para salvación a través de Jesucristo quien murió por nosotros y nos libra de la ira venidera. En el v. 10 se vuelve a asegurar que estaremos con el Señor, sea que estemos vivos vigilando o «que durmamos» (que hayamos partido con el Señor). Aunque cuándo ocurrirá la venida no se sabe, lo que pasará sí es seguro: el Señor vendrá y estaremos por siempre con él. Por lo tanto debemos vivir la vida cristiana a la luz de la gloria venidera.

Este pasaje termina de la misma forma que el anterior, exhortándoles a animarse mutuamente, pero añade la edificación mutua. Edificar es una metáfora característica de Pablo que habla de crecimiento. Reitera que ya se están edificando mutuamente. Para Pablo es importante que su audiencia vea que él sabe cómo están conduciéndose. También es importante exhortarles en otros aspectos de la vida cristiana que conducen a la edificación mutua, como veremos en la próxima sección.

D. Otras exhortaciones (5.12-22)

Esta sección abarca una serie de exhortaciones variadas sobre asuntos que llevan a la edificación. Se pueden dividir en dos grupos. El primero (5.12-15) incluye exhortaciones en cuanto a las relaciones con otras personas. El segundo grupo (5.16-21) es una serie de exhortaciones en forma de ordenanzas que van dirigidas al cuerpo creyente tanto en lo individual (5.16-18) como en lo comunal (5.19-22).

El primer grupo de exhortaciones (5.12-15) comienza con un llamado a reconocer a quienes trabajan entre los tesalonicenses, les presiden en el Señor y les amonestan. Se trata del liderato, de quienes están dirigiendo o están al frente de la iglesia. Se mencionan diferentes funciones, pero son un mismo grupo de personas líderes. Para el verbo trabajar se usa la palabra griega *kopiao*, que significa fatigarse esforzadamente. Denota trabajo arduo como el de labrar la tierra. Este es uno de los términos que Pablo usa para describir la labor que él hace (3.5) y la de sus colaboradores. En cuanto a la frase «os presiden» (5.12) literalmente significa los que están delante; en este caso de la iglesia, los líderes. Amonestar es una de las funciones que Pablo ha tenido antes en esta iglesia (2.11) y sigue teniendo a través de su carta. Lo mismo ha hecho Timoteo (3.2), su representante. A quienes ejercen estas funciones hay que tenerles «en mucha estima» (5.13) por causa de lo que hacen. Se debe reconocer su labor en amor.

Entonces les exhorta a tener paz entre sí. La armonía en las relaciones entre creyentes es necesaria para la unidad y edificación de la iglesia. De ahí pasa, en el v. 14, a pedir que amonesten a los ociosos, alienten a los de poco ánimo, sostengan a los débiles, y sean pacientes para con todos. La palabra para «ociosos» (5.14) es *ataktos* y se refiere a quien anda desordenadamente. Es un término militar que indica que la persona que no se mantiene en su puesto. La Versión Reina Valera Actualizada es más exacta en su traducción cuando dice «que amonestéis a los desordenados» (5.14), pero no se puede saber con exactitud a qué tipo de desorden se refiere. Pudiera ser a los ociosos, como dicen otras versiones. En 2 Tesalonicenses Pablo habla de quienes no trabajan como quienes andan desordenadamente (2 Ts 3.11). Dado que Pablo se dirige en ambas cartas a una misma audiencia y 2 Tesalonicenses se escribe poco tiempo después de la primera carta, muy posiblemente se está refiriendo a personas ociosas.

A los de poco ánimo hay que alentarlos o consolarlos. Esto mismo Pablo ha hecho con los tesalonicenses en su carta, y ha aconsejado a toda la iglesia que se alienten o animen «unos a los otros» (4.18; 5.11). En cuanto a quienes Pablo llama «los débiles», en otras cartas Pablo llama «los débiles» creyentes a quienes son débiles en la fe (Ro 14.1; 15.1) o débiles de conciencia por falta de conocimiento (1 Co 8.7-14). Pero en el texto de 1 Tesalonicenses no se puede determinar a quiénes se refiere el apóstol. Lo que está claro es que les exhorta a sostener a estas personas que son débiles en algún área de la vida cristiana. Sostener implica estar cerca de la persona en necesidad como si se le diera de las fuerzas propias para ayudarle. Finaliza el v. 14 con la exhortación a ser «pacientes para con todos», que debe referirse también a quienes no son creyentes.

El v. 15 nos recuerda las enseñanzas de Jesús de devolver bien por mal y de tratar a las demás personas como queremos que nos traten (Mt 5.39; 7.12). Hay que procurar no retribuir el mal y seguir lo bueno «unos para con otros, y para con todos». (5.15). Nuevamente se repite la idea de incluir tanto a creyentes como a no creyentes respecto a la conducta que agrada a Dios.

Ahora el apóstol pasa al segundo grupo de exhortaciones en forma imperativa (5.16-22). El tema del gozo es bien conocido en los escritos paulinos y está presente en esta carta en varias ocasiones. En el v. 16 les pide que estén «siempre gozosos», lo que implica en toda circunstancia. Recordemos que los tesalonicenses habían sido imitadores de Pablo al recibir la palabra con gozo en medio de aflicciones (1.6). El segundo imperativo es orar «sin cesar» (5.17). Pablo mismo les ha dado ejemplo de lo que es orar constantemente (1.2). El tercer imperativo es dar gracias en todo, pues esto es la voluntad de Dios (5.18). El dar gracias es una temática característica en las cartas de Pablo. También Pablo les ha servido de ejemplo en esto (1.2; 2.13; 3.9).

Encontramos otras exhortaciones imperativas en los vv. 19-22 que parecen referirse a las reuniones como iglesia. El apóstol manda no apagar al Espíritu, no menospreciar las profecías, examinarlo todo y retener lo bueno (4.19). El no apagar al Espíritu debe estar ligado a la palabra del profeta Jeremías respecto a tener en el corazón como un fuego ardiente (Jer 20.9). En cuanto a no menospreciar las profecías, menospreciar es contar como nada. La profecía es uno de los dones listados en 1 Corintios. Pablo exhorta a procurar profetizar (1 Co 14.1), y enseña que la profecía tiene como propósito la «edificación, exhortación, y consolación» (1 Co 14.4). En 1 Tesalonicenses, Pablo se ha propuesto exhortar, consolar y llamar a la edificación. No es de extrañar que Pablo ordene no menospreciar o contar como nada la profecía. (Para una discusión más amplia de la profecía y otros dones, y el orden debido al ministrarlos véase 1 Co 12 y 14). El v. 21 habla de examinar todo y retener lo bueno. Esto es probar o discernir lo que sirve. Aun la profecía misma está incluida aquí (1 Co

14.29). En el v. 22 el apóstol ordena abstenerse de «toda especie de mal». Antes había ordenado seguir lo bueno; ahora, abstenerse de todo mal. El mal puede tratar de penetrar en el individuo y en la iglesia infiltrándose sutilmente.

Las exhortaciones dadas por Pablo en esta sección (5.12-22) apuntan predominantemente a la necesidad de edificación, motivación y apoyo mutuo, no dejando fuera cómo conducirse para con quienes no son creyentes. Pablo exhorta a sus lectores hacer lo que él mismo les ha mostrado. Está instruyendo, motivando y fortaleciendo a la iglesia en medio de las aflicciones presentes y en la espera de la gloria venidera.

E. Oración de bendición para los tesalonicenses (5.23-24)

Pablo ruega por sus destinatarios. La oración se encuentra hacia el final de la carta y menciona estratégicamente temas tratados en la misma. Encontramos el tema de la santificación. Pablo les bendice para que el Dios de paz los «santifique por completo» (5.23). La palabra para completo es *teleios*; que como ya sabemos significa maduro o perfecto, pero aquí sugiere perfección final. Pablo repite la idea de santificación cuando dice que «todo vuestro ser» (lo que incluye espíritu, alma y cuerpo) «sea guardado irreprochable para la venida del Señor» (5.23). La obra de Dios, a través de Cristo, involucra toda la persona, ya que aun el cuerpo resucitará o será transformado en la venida del Señor. Como vimos anteriormente, la palabra «irreprochable», o la misma idea con otros términos, se encuentra en la carta varias veces. El tema de la venida del Señor también se vuelve a mencionar en esta bendición.

En el v. 24 Pablo reafirma la fidelidad de Dios al decir: «Fiel es el que os llama, el cual también lo hará». Dios, quien llamó a los tesalonicenses, lo completará todo. Vimos esto en Filipenses cuando Pablo dice que está persuadido de que quien comenzó la buena obra en los filipenses «la perfeccionará hasta el día de Jesucristo» (Fl 1.6). No quiere decir esto que no haya responsabilidad de parte de quien cree. Vimos en las exhortaciones que se deben procurar la santidad y la conducta que agrada a Dios, pero ahora en el v. 24 el énfasis cae sobre lo que Dios hace y sobre su fidelidad. Con la oración de bendición (5.23-24), ya finalizando su escrito, Pablo se propone recordarles a los tesalonicenses lo que ha tratado en su carta. Se propone asimismo afirmarles en la fe, para que mantengan su esperanza en el Dios fiel que completará su obra en sus vidas.

III. Cierre o despedida (5.25-28)

En el cierre de la carta el apóstol pide oración por él y sus acompañantes, como acostumbra a hacer. Pide que saluden a «los hermanos con beso santo» (5.26). Esta forma de saludarse era parte de las costumbres de entonces. El beso era símbolo de respeto y bienvenida (Lc 22.48). Pablo menciona esta forma de saludo en otras cartas (1 Co 16.20; 2 Co 13.12; Ro 16.16). Además les encarga encarecidamente que su carta sea leída a la iglesia, como era costumbre cuando Pablo enviaba sus escritos. Esta carta termina con una bendición final, característica de Pablo, deseando que la gracia de Dios sea con los tesalonicenses.

Conclusión

Hemos estudiado cómo en 1 Tesalonicenses Pablo confirma, conforta y exhorta a la iglesia. Las palabras del apóstol debieron ser como refrigerio para la iglesia, ante sus interrogantes en cuanto a los muertos en Cristo y la venida del Señor. Esta carta sirve de exhortación a la iglesia contemporánea a mantener la esperanza en la parusía. Independientemente de las expectativas erradas que se puedan promover en nuestros tiempos, la iglesia debe mantener la enseñanza apostólica. Asimismo las personas creyentes debemos mantener nuestra fidelidad y conducta que agrada a Dios, estando siempre preparadas para la venida del Señor.

Capítulo 4

La Segunda Carta
a los Tesalonicenses

La información histórica acerca de la ciudad de Tesalónica se ha presentado en la introducción a 1 Tesalonicenses. Asimismo, esa introducción tiene información sobre la iglesia y sobre la relación de Pablo y sus acompañantes con ella. Luego, esta introducción tratará solamente acerca de la carta misma.

Pablo debió haber escrito 2 Tesalonicenses poco tiempo después de la primera carta. Silas y Timoteo muy posiblemente estaban con Pablo al tiempo de escribir. Esto lo sugiere la inclusión de ambos en el saludo (1.1). En esta carta se tratan temas hablados en la primera, especialmente las tribulaciones y la venida del Señor. En cuanto a la venida del Señor, hay ciertas diferencias en algunos aspectos de la escatología en comparación con la primera carta, como veremos más adelante.

Las circunstancias e interrogantes de la iglesia denotan que no han mejorado mucho en relación a la primera carta. Por el contrario, las tribulaciones se han intensificado y la iglesia parece estar estremecida. Pablo ha recibido información sobre las interrogantes de la iglesia en cuanto a la venida del Señor y sobre otros asuntos (2.1; 3.11). Aparentemente hay una carta que llegó a los tesalonicenses como si fuese del apóstol. Esta carta indicaba que el día del Señor «está cerca» (2.2), y esto hizo que la iglesia se estremeciera, y tuviese muchas inseguridades y temores. Pablo les escribe para que la iglesia no sea engañada y les instruye sobre lo que acontecerá antes de la venida del Señor. Es por esto que la venida del Señor es el tema sobresaliente en esta carta.

113

Al tratar el tema de la venida del Señor, Pablo refleja la influencia del apocalipticismo judío de sus tiempos, como veremos en algunos pasajes. En el judaísmo de los tiempos de Pablo había una tradición de escatología apocalíptica que debió haber influido sobre el cristianismo. Se puede decir que ambas tradiciones, la del judaísmo y la del cristianismo, tienen el mismo marco general. Por ejemplo, el libro de Daniel, que se clasifica como literatura apocalíptica, es fundamental en el apocalipticismo cristiano. Jesús mismo lo cita en su discurso apocalíptico en el Evangelio de Mateo (Mt 24.15).

Es bueno recordar que Pablo no está presentando en esta carta la agenda para los últimos tiempos. Está aclarando interrogantes para asegurarle a la iglesia que el Señor no ha venido todavía y que lo que pasará en el tiempo final será caótico en comparación con las tribulaciones presentes de la iglesia. Pablo se propone que la iglesia calme su ansiedad, esté firme, y mantenga la doctrina que ha recibido de él y sus colaboradores.

Esta carta, al igual que 1 Tesalonicenses, es de exhortación. Como es característico de este tipo de carta, Pablo usa la práctica retórica de traer a la memoria lo que su audiencia ya conoce, y el llamado a imitar la conducta de otras personas —en este caso la de Pablo y sus colaboradores. También encontramos algunos elementos de la tradición de consolación, especialmente cuando Pablo habla de Dios Padre como quien da «consolación eterna» (2.16) y conforta los corazones (2.17).

Bosquejo

I. Introducción o apertura (1.1-12)
    A. Saludos (1.1-2)
    B. Acción de gracias (1.3-12)
II. Cuerpo de la carta (2.1-3.15)
    A. Instrucciones en cuanto a la venida del Señor (2.1-12)
    B. Acción de gracias, exhortación a estar firmes y bendición (2.13-17)
    C. Petición de oración y apoyo mutuo (3.1-5)
    D. Instrucciones en cuanto a personas ociosas y otras exhortaciones (3.6-15)
III. Cierre o despedida (3.16-18)

I. Introducción o apertura (1.1-12)

A. Saludos (1.1-2)

El comienzo de 2 Tesalonicenses es semejante al de la primera carta, y sigue el patrón de las cartas antiguas. Como dijimos, Silvano (Silas) y Timoteo debieron estar con Pablo, pues los incluye en el saludo. Nuevamente el apóstol da su característico saludo de gracia y paz.

B. Acción de Gracias (1.3-12)

Como vimos en las cartas ya estudiadas, la acción de gracias del apóstol funciona como introducción (exordium). Al igual que en otras de sus cartas, en la introducción Pablo habla de las temáticas a tratar en la carta, las cuales presentamos a continuación.

1. La fe, amor, paciencia (1.3-4, 11; 2.10, 13, 16, 3.5)

El tema de la fe aparece varias veces en la carta. En la introducción Pablo da gracias por que la fe de sus destinatarios va creciendo (1.3) y se gloría en que han mantenido la fe en medio de las persecuciones (1.4). Más adelante ora para que Dios cumpla su obra de fe en sus vidas (1.11). Además da gracias porque Dios les escogió para salvación mediante la santificación y la fe en la verdad (2.13). Del tema del amor dice en la introducción que el amor está abundado en la iglesia y para con las demás personas (1.3). Luego, en el cuerpo de la carta, dice que quienes se pierden «no recibieron el amor de la verdad para ser salvos» (2.10). Además, vemos el tema del amor cuando se refiere a los tesalonicenses como «hermanos amados» (2.13). Cuando habla de consolación dice que Dios les amó (2.16). También pide que Dios encamine sus «corazones al amor de Dios» (3.6). En cuanto a la paciencia, el apóstol da gracias a Dios y se gloría con otras iglesias por la paciencia de los tesalonicenses ante las tribulaciones (1.4). Se repite este tema cuando pide que sus corazones sean encaminados no sólo al amor de Dios, sino también «a la paciencia de Cristo» (3.6).

2. El gloriarse en la obra de Dios, gloria, glorificación (1.4, 9-10, 12; 2.14; 3.1)

El apóstol habla sobre este tema desde diferentes perspectivas. En particular, en la introducción lo toca en cuanto a la obra de Dios en las personas creyentes y en relación a la venida del Señor en gloria. Al hablar de la paciencia y fe de los tesalonicenses en sus tribulaciones, dice que se gloría con otras iglesias sobre esto (1.4). Luego habla de la gloria del Señor en su venida (1.7-10). En «aquel día» (1.10) el Señor será «glorificado en sus santos» y será «admirado en todos los que creyeron» (1.10). Lo que dice en el v. 10 guarda armonía con lo que encontramos más adelante en el v. 12, cuando dice que ora para que se cumpla el propósito de Dios en la vida de los tesalonicenses y que así el Señor «será glorificado en vosotros y vosotros en él» (1.12). Los vv. 10 y 12 hablan de la gloria del Señor, pero el 12 implica también que aquellas personas que creen en él serán glorificadas. En el cuerpo de la carta declara que las personas creyentes hemos sido llamadas por Dios «para alcanzar la gloria de nuestro Señor Jesucristo» (2.14). También habla de este tema con respecto a la palabra de Dios al pedir oración por él «para que la palabra del Señor corra y sea glorificada» (3.1).

El que Pablo trate el tema de glorificación desde la introducción muestra que su propósito es llevar a sus lectores a comprender sus tribulaciones presentes y afirmarles en la gloria venidera que Dios tiene preparada. Estratégicamente les habla de la gloria a alcanzar. Su audiencia entenderá que el Señor no ha venido todavía, pero esto les dará ánimo y esperanza.

3. Persecuciones, tribulaciones, padecimientos (1.4-6; 3.2)

En la introducción se menciona este tema cuando el apóstol se gloría por la paciencia y fe que los tesalonicenses han tenido en medio de «persecuciones y tribulaciones» (1.4). Aquí, al igual que en 1 Tesalonicenses, usa el término *thlipsis*, que significa apremiar con intensidad. Encontramos esta palabra varias veces en las cartas de Pablo, así como en otros escritos del Nuevo Testamento. Pablo cree que puede padecer por el reino de Dios, o sea que no está exento de persecuciones y aflicciones (1.5). Vuelve el apóstol a hablar de tribulación en la introducción, ahora en un contexto de juicio apocalíptico, al decir que Dios pagará «con tribulación a los que os atribulan» (1.6). Dentro del apocalipticismo judío se creía que el día de aflicción sería el clímax del sufrimiento de los santos. La iglesia debió pensar que estaba pasando por esas tribulaciones apocalípticas. El apóstol está corrigiendo este entendimiento. Las aflicciones que están atravesando no marcan el fin, ya que otras cosas tienen que acontecer antes, como les aclarará en el capítulo 2. El tema de las persecuciones parece verse en 3.2, cuando Pablo pide oración para ser librado de «hombres perversos y malos».

4. Juicio y retribución divina (1.5-9; 2.8, 10-12)

Pablo habla de juicio en el presente en cuanto a las tribulaciones actuales (1.5) y juicio en el futuro en relación a la venida del Señor (1.6-9). En cuanto a juicio en el presente (1.5), Pablo toca esta temática al hablar de las tribulaciones que están pasando los tesalonicenses (1.5). La paciencia y fe que esta iglesia ha tenido en «todas las persecuciones y tribulaciones» (1.4) es «demostración del justo juicio de Dios» (1.5). Pablo asocia las aflicciones con el juicio divino. Este juicio puede ser en el tiempo presente, y también en el tiempo escatológico. La iglesia es tenida por digna del reino de Dios por cuanto ha sabido soportar las tribulaciones (1.5). Estas tribulaciones llevarán a los tesalonicenses a la salvación (en el sentido escatológico) y a quienes les atribulan al castigo. Ya en el Antiguo Testamento se anunciaba que las personas justas serían libradas y las injustas, que les habían hecho sufrir, serían castigadas (Dt 32.34-41).

En cuanto al juicio venidero (1.6-9), Pablo habla de la paga que recibirán quienes atribulan a la iglesia. Su paga es tribulación, mientras que los tesalonicenses tendrán reposo en la venida del Señor (1.6). Quienes no conocen a Dios, ni han obedecido al evangelio (1.8), «sufrirán pena de eterna perdición, excluidos de la presencia del Señor y de la gloria de su poder» (1.9). El v. 9 contiene las ideas del libro de Isaías (2.10-11, 19-21), donde se habla de un juicio venidero cuando las gentes se esconderán de la presencia de Dios y de su poder y gloria. También, en cuanto a juicio, en el cuerpo de la carta se habla del final que le tocará a «aquel impío» (2.8), que es «el hijo de perdición» (2.3). Dice que el Señor le matará y destruirá (2.8). Además quienes no recibieron la verdad serán engañados, creerán la mentira, y serán condenados por no creer la verdad y por complacerse en la injusticia (2.10-12).

5. El ser personas creyentes dignas del reino de Dios (1.5, 11; 2.13-14, 17)

Pablo introduce este tema en un contexto de persecuciones (1.5). Quienes soportan las persecuciones y tribulaciones en paciencia y fe son tenidos por dignos del reino de Dios (1.5). También en la introducción el apóstol informa que ora para que Dios tenga a los tesalonicenses «por dignos de su llamamiento» (1.11). El que una persona sea digna del reino de Dios tiene que ver con conducirse conforme a los principios divinos bajo diferentes circunstancias. Aunque en el cuerpo de la carta Pablo no usa las mismas palabras que en la introducción, la idea de ser dignos del reino de Dios está indirectamente presente en los vv. 2.13-14 y 17, que hablan de santificación, fe, alcanzar la gloria del Señor, y de que Dios les confirme en toda buena palabra y obra.

6. La venida del Señor (1.7-10; 2.1-12)

Como dijimos, el principal tema en esta carta es la venida del Señor. Pablo introduce este tema en un contexto de juicio. Dice que aquellas personas que se sientan atribuladas tendrán reposo cuando el Señor se manifieste «desde el cielo con los ángeles de su poder» (1.7). Un punto importante a señalar aquí es que el apóstol habla en tiempo futuro de la manifestación del Señor en su venida. Desde el inicio de la carta deja ver a sus destinatarios que el Señor todavía no ha venido. Esto anticipa la problemática que va a tratar más adelante en cuanto a la carta falsa que los tesalonicenses han recibido (2.2).

Al igual que en su primera carta, Pablo describe la venida del Señor en gloria y poder, pero en 2 Tesalonicenses habla de este tema enmarcándolo en un contexto de juicio (1.5-10). Dice que el Señor vendrá «en llama de fuego, para dar retribución a los que no conocieron a Dios ni obedecen al evangelio» (1.8). La idea «en llama de fuego» se encuentra en el Antiguo Testamento y denotaba ira en sentido de juicio (Sal 97.3; Jr 4.4; Ez 21.31). También se usaba en un contexto de guerra, donde el fuego consumía a los adversarios (Is 26.11). En Ezequiel ambas ideas están juntas en un sentido escatológico (Ez 66.15).

El v. 1.10 continúa hablando de la venida del Señor en gloria y de cómo será admirado (futuro) por todas las personas que creyeron, entre ellas los tesalonicenses que creyeron al testimonio de los apóstoles. Con esto está afirmando que sus destinatarios disfrutarán (en el futuro) de la venida del Señor, por cuanto creyeron en el testimonio de los apóstoles. En el cuerpo de la carta retoma el tema de la venida del Señor ampliamente, al instruir y exhortar a sus destinatarios en cuanto a sus interrogantes y temores (2.1-12).

Podemos decir que Pablo introduce estos temas estratégicamente, apuntando desde el inicio de su carta lo que se propone hacer: instruir en cuanto a la venida del Señor para calmar a la iglesia y que no sea engañada. Se propone a su vez reafirmar la importancia de vivir como es digno del Señor y en espera de la gloria venidera que Dios ha preparado.

II. Cuerpo de la carta (2.1-3.15)

1. Instrucciones en cuanto a la venida del Señor (2.1-12)

Esta sección es un pasaje apocalíptico donde Pablo está contestando interrogantes de sus destinatarios. Preguntan acerca de la venida del Señor «y nuestra reunión con él» (2.1). Como vimos en el estudio de 1 Tesalonicenses, ya Pablo les había instruido en persona en cuanto a estas temáticas (1 Ts 5.1-12), y lo volvió a hacer en la primera carta. Ahora la iglesia está confrontándose con temores y el apóstol les exhorta a no dejarse «mover fácilmente de vuestro modo de pensar» (2.2). Ese modo de pensar lo había aprendido la iglesia de Pablo mismo, como ya sabemos. Recordemos también que en el v. 1.10, al hablar de quienes creyeron y verán al Señor en su venida, dice que los tesalonicenses son parte de ese grupo porque creyeron en su testimonio. Esto implica que Pablo afirma que la palabra que predica es la palabra de Dios. Dadas las interrogantes de su audiencia, ya al inicio de la carta sentó la base de que la iglesia tiene la enseñanza correcta. En cuanto a la frase «nuestra reunión con él» (2.1), Pablo se refiere al arrebatamiento, tema que también había tratado en la primera carta (1 Ts 4.15-17).

La supuesta carta de Pablo acerca de que el «Señor está cerca» (2.2) había causado inseguridades en la iglesia. Nos ayuda a entender lo que está pasando la Versión Reina Valera Actualizada, que se acerca más al griego en su traducción cuando dice: « ...como que ya hubiera llegado el día del Señor» (2 Ts 2.2). Lo que Pablo está refutando es la falsa enseñanza de que la venida del Señor ya había ocurrido. Ante tal idea, surgieron interrogantes y preocupaciones en cuanto a la reunión o arrebatamiento de la iglesia. Además había expectativas apocalípticas de que el día del Señor vendría inmediatamente después de grandes sufrimientos. Los tesalonicenses estaban pasando por persecuciones y tribulaciones. Todo esto creó en la iglesia un estado de ansiedad y caos.

Pablo les pide que no se conturben por la supuesta carta, «ni por espíritu ni por palabra» (2.2). La palabra griega para «conturbéis» (2.2) es *throeo* y significa alarmarse, estar en excitación nerviosa. Se usaba principalmente en tragedias. En el Nuevo Testamento se encuentra dos veces: en esta carta y en el discurso escatológico de Jesús (Mt 24.6). Denota la gravedad del estado de preocupación de la iglesia. Estaba estremecida. El apóstol advierte a la iglesia que no se deje engañar por carta, «por espíritu» o cualquier declaración estática (posiblemente profecía), o «por palabra» o declaración oral o enseñanza que venga como si fuera suya. En 1 Tesalonicenses Pablo ya les había enseñado que el Señor vendría inesperadamente, como «ladrón en la noche» (1 Ts 5.2). También les había instruido en cuanto al orden: los muertos en Cristo resucitarán y luego las personas creyentes que estén vivas serán arrebatadas en las nubes para recibir al Señor (1 Ts 4.16-17). Aunque en aquella carta Pablo habla en un sentido inminente, había establecido claramente que estas cosas tienen que suceder primero.

En el v. 3 Pablo es enfático al decir: «¡Nadie os engañe de ninguna manera!». Es abarcador en cuanto a la forma del engaño. Va más allá de carta, palabra o profecía. Incluye todo tipo de engaño. No quiere que sean engañados por nadie y de ninguna forma. Inmediatamente comienza a dar instrucciones sobre cosas que acontecerán antes de la venida del Señor. Es bueno señalar que Pablo no está contradiciendo en lo que ya había enseñado en 1 Tesalonicenses. Está dirigiendo su enseñanza a los puntos o aspectos que su audiencia necesita aclarar. Esta es una iglesia que cree que el Señor ha venido, y que además está pasando por tribulaciones.

Pablo establece que primero tiene que venir la apostasía antes de la venida del Señor. La palabra griega apostasía es la misma de nuestro idioma. Significa revuelta. En el Imperio Romano se usaba en el sentido político para hablar de los rebeldes contra el imperio. Esta palabra se usó para describir lo que hizo Antíoco IV Epifanes en el 175 a. C., cuando procuró forzar un rechazo total del judaísmo para sustituirlo por el helenismo. En la Septuaginta se usa para hablar de rebelión contra Dios (Jos 22.22; Jr 2.19). En el Nuevo Testamento la encontramos cuando se levanta contra Pablo una acusación fuerte y falsa de parte de los judíos de «apostatar de Moisés» (Hch 21.21). Aunque no se identifica en específico la apostasía o rebelión que ocurrirá, en la carta denota el rechazo total de la fe, así como el dominio del mal.

Pablo sigue ampliando su enseñanza. Antes de la venida del Señor se manifestará «el hombre de pecado, el hijo de perdición» (2.3). El «hombre de pecado» está directamente ligado a la apostasía, pero no es necesariamente la apostasía. La palabra «manifieste» (apokalupto) (2.3) significa revelar o desvelar, descubrir. La idea es que «el hombre de pecado» será repentinamente desvelado. En 2.3 Pablo usa la misma terminología para describir la venida del Señor, al hablar de «cuando se manifieste [apokalupsei] el Señor Jesús» (1.8). Esto da a entender que este personaje parece imitar al Señor en su forma de manifestarse y en su venida.

No se identifica quién es «el hombre de pecado», pero sí su naturaleza y sus obras. Su característica principal es el pecado. No es Satanás, pero el que este personaje venga es obra de Satanás (2.9). La designación «hijo de perdición» (2.3) es la misma que se usa con respecto a Judas, el que traicionó a Jesús (Jn 17.12). El término que Pablo usa para «perdición» es *apoleia* y significa destrucción. En cuanto a sus obras, el «hijo de perdición» se opone «y se levanta contra todo lo que se llama Dios o es objeto de culto» (2.4). Este personaje se exalta a sí mismo y se opone a todo tipo de divinidad, al punto que usurpa el lugar de Dios: «...se sienta en el templo de Dios como Dios, haciéndose pasar por Dios» (2.4). La primera parte del v. 4 es más general. Dice que este personaje se opone a todo tipo de dios. La segunda parte del versículo es más específica, ya que dice que se sienta en el Templo de Dios. Se debe estar refiriendo aquí a Dios y al Templo en Jerusalén. Esto implica que quiere ocupar el lugar de Dios y profanar el Templo de Dios.

Hay dos personajes en la historia que atentaron gravemente contra la religión judía y concuerdan con el tipo de personaje de que habla Pablo en esta carta. Esos hechos históricos pudieron influir sobre el pensamiento de Pablo al escribir 2 Tesalonicenses. Uno ya lo mencionamos, y es Antíoco IV Epífanes, quien profanó el Templo de Jerusalén proclamándose dios y ofreciendo sacrificios de animales inmundos. Esto ocurrió unos 200 años antes de Pablo. Como buen judío, Pablo debió haber conocido estos incidentes ocurridos en la historia de su pueblo. También la descripción del «hijo de perdición» concuerda con el emperador Calígula (39 o 40 d. C.), que trató de poner su estatua en el Templo para que la adoraran.

Su intento falló porque murió de repente. Recordemos que el culto al emperador era parte de la tradición pagana. El episodio de Calígula ocurrió en tiempos de Pablo. Podemos decir que el tipo de personaje del que Pablo habla es apocalíptico, con características muy semejantes o iguales a las de estos dos personajes.

En cuanto a la Biblia, este personaje se puede asociar con el rey tirano que encontramos en Daniel (Dn 9.27; 11.36-38; 12.11). Esto concuerda con la historia, ya que Daniel se escribió bajo el dominio de Antíoco IV Epifanes. Jesús mismo habló de lo dicho por Daniel acerca de «la abominación desoladora» (Mt 24.15; Mc 13.14). Esta idea era parte del judaísmo apocalíptico de los tiempos de Pablo. También se asocia este personaje con el anticristo de 1 Juan (1 Jn 2.18. 22; 4.3; 2 Jn 7), pero estas cartas fueron escritas unas cuatro décadas después de 2 Tesalonicenses. No es posible identificar este personaje con precisión, ya que no nos es dado conocer la mente de Pablo.

No podemos decir más de lo que dice el texto de 2 Tesalonicenses, pero sí que este personaje se describe con características de una figura de los últimos tiempos y que lo que Pablo presenta en esta carta guarda armonía con las ideas apocalípticas del judaísmo de sus tiempos. Recordemos que Pablo no está escribiendo un tratado teológico. Está respondiendo a preguntas y necesidades de una iglesia con temores e interrogantes. Además su audiencia había recibido enseñanza sobre este tema, y conocían de qué estaba hablando el apóstol. Volveremos a hablar de las obras que hará este personaje más adelante, al discutir los vv. 9 y 10.

En el v. 5 Pablo les recuerda a los tesalonicenses que cuando estuvo en esa iglesia les había hablado sobre la apostasía y sobre «el hombre de pecado». Luego continúa hablando de algo que la iglesia sabe. Dice: «Y ahora vosotros sabéis lo que lo detiene, a fin de que a su debido tiempo se manifieste» (2.6). No se puede determinar lo que el apóstol quiere decir con «lo que lo detiene». Para «lo» Pablo usa el artículo de género neutro. Pero más adelante dice «solo que hay quien al presente lo detiene, hasta que él a su vez sea quitado de en medio» (2.7), usando aquí el pronombre masculino «él». El que lo detiene se quitará así mismo; esto es lo que se implica en el idioma griego la frase «sea quitado del medio». Se han hecho muchas conjeturas sobre qué o quién es lo/el que lo detiene. Entre ellas está la idea de que Pablo se refería a algo contemporáneo a sus tiempos, como el Imperio romano y el Emperador, o al judaísmo y a algún líder como el sumo sacerdote. Otras ideas sugieren, por ejemplo, que es Dios, el Espíritu Santo o la iglesia. Como dijimos, no sabemos de qué o de quién está hablando Pablo. Sus lectores sí tenían por lo menos una clave sobre lo que estaba diciendo. Lo que sí sabemos de seguro es que el «ministerio de iniquidad ya está en acción» (2.7). Sin embargo, el clímax del tiempo final no ha llegado todavía. Pablo quiere que la iglesia entienda que hay un tiempo indefinido antes de la venida del Señor. El Señor todavía no ha venido como la iglesia estaba pensando.

Cuando lo/el que lo detiene sea quitado de en medio se «manifestará aquel impío» (2.8). La palabra griega que se emplea aquí es otra vez *apokalupto*. Al manifestarse el impío, el Señor lo «matará con el espíritu de su boca y destruirá con el resplandor de su venida» (2.8). Estas ideas deben ser de Isaías 11.4, donde el aliento de Dios destruye a los enemigos. Pablo utiliza las mismas ideas para presentar la victoria de Cristo sobre el «hijo de perdición». Es una imagen poderosa sobre cómo el aliento o el espíritu de la boca del Señor será suficiente para destruir al «hijo de perdición». El poder del «hijo de perdición» desaparece. El v. 2.8, al hablar de la venida del Señor, se traduce con una sola palabra, «venida», pero el griego incluye dos palabras, epiphaneia y parousia. Epiphaneia significa aparición, y se usaba por los griegos para hablar de la aparición de un dios. *Parousia* enfatiza la presencia del Señor. Pablo está hablando de la aparición del Señor como Dios y de la manifestación de su poder. El solo hecho de que Cristo aparezca en su venida gloriosa causa la destrucción de este personaje. Esto indica que Dios tiene el control, y debe dar aliento a los Tesalonicenses que están confundidos y atemorizados.

En los vv. 10 y 11 Pablo vuelve a hablar del «advenimiento de este impío» (2.10). Para «advenimiento» utiliza la misma palabra griega, parousia, que usó para referirse a la venida del Señor. Dice que el advenimiento de «este impío» es obra de Satanás, y será «acompañado de hechos poderosos, señales y falsos milagros» (2.9). Aquí se utilizan términos (señales, milagros, hechos) que encontramos en el Nuevo Testamento para describir las obras de Cristo, pero en este caso es Satanás, su energía, quien está operando detrás de estas obras. Nuevamente vemos la semejanza o imitación de este personaje a Jesús, ahora en cuanto a sus obras. En su mensaje apocalíptico Jesús habló de «falsos cristos y falsos profetas» que harán señales y prodigios para engañar «aun a los escogidos» (Mt 24.24).

Esta misma idea de engaño aparece en 2 Tesalonicenses en relación a «los que se pierden» (2.10). Pablo dice que este personaje vendrá con «todo engaño de iniquidad» (2.10). La razón por la cual se pierden es no recibir «el amor de la verdad para ser salvos» (2.11). Como consecuencia de esto, Dios «envía un poder engañoso, para que crean a la mentira» (2.11). Esto ocurrirá cuando el «hijo de perdición» sea revelado. Serán «condenados todos los que no creyeron a la verdad, sino que se complacieron en la injusticia» (2.12). Vemos la acción del juicio de Dios. No les condena injustamente, sino que estas personas, por sí mismas y deliberadamente, deciden no recibir la verdad para salvación. Por el contrario prefirieron el mal, «la injusticia» (2.12). Nótese el contraste entre la verdad y la mentira, la verdad y la injusticia. En 2 Corintios 5.10 Pablo dice que es necesario que todas las personas vayamos ante el tribunal de Cristo y que allí recibiremos según lo que hayamos hecho, «sea bueno o sea malo» (2 Co 5.10). Al contrario de «los que se pierden», los tesalonicenses han creído la palabra, y les espera una gloria futura.

B. Acción de gracias, exhortación a estar firmes y bendición (2.13-17)

En el v. 13 Pablo confirma a sus destinatarios en cuanto a su salvación a través de una acción de gracias. Da gracias a Dios por los tesalonicenses, que son «amados por el Señor» (2.13). El mismo Dios que se sentará como juez a condenar a «los que se pierden» es un Dios tierno que ama a quienes han creído a la verdad. Pablo les dice que Dios les escogió «desde el principio para salvación» (2.13). El apóstol sigue confirmando a la iglesia. Lo que la iglesia es y su futuro está en las manos de Dios. Esta salvación llega «mediante la santificación por el Espíritu y la fe en la verdad» (2.13). A quienes creen en la verdad Dios les da su Espíritu para que puedan alcanzar santificación. La fe y la santificación por el Espíritu son esenciales en cuanto a la salvación. Pablo les había dicho en su primera carta, hablando de la ira o juicio de Dios en el tiempo final, que Dios no les ha puesto para ira, sino para salvación por medio de Cristo (1 Ts 5.9). Ahora les confirma la salvación que tienen por haber creído.

En el v. 14 les sigue afirmando, pero ahora en cuanto a la gloria venidera que alcanzarán, ya que Dios les llamó por medio del evangelio para esto. Pablo es muy sabio al llevar a su audiencia a considerar la glorificación que les espera. Esto da ánimo, esperanza y aliento en medio de sus circunstancias. Pero más aun, al hablar de una gloria que alcanzarán, por implicación se entiende que todavía el Señor no ha venido.

Pablo pasa a hacer un llamado a estar firmes y a retener la doctrina que han aprendido de él (2.15), tanto cuando estuvo en persona en la iglesia como luego a través de correspondencia. Este llamado es necesario para una iglesia que está siendo sacudida por enseñanzas erróneas. Deben procurar afirmarse y mantenerse en la doctrina que han recibido a través del apóstol, la palabra de Dios.

Los vv. 16 y 17 contienen una oración de bendición enmarcada en la tradición de consolación. Les bendice para que Dios consuele sus corazones y les «confirme en toda palabra y obra» (2.17). El apóstol trata de llevarles a quitar la atención en lo apocalíptico y ponerla en sus vidas y en lo que tienen que hacer en el Señor.

Ya Pablo los ha confortado y confirmado; ahora les encomienda a Dios. Desea que todo lo que dicen y hagan sea conforme a la palabra de Dios. Pero esta bendición está basada en lo que Dios ya ha hecho por quienes creen, descrito en el v. 16: «nos amó, y nos dio consolación eterna y buena esperanza por gracia». Pablo apunta al presente y a lo eterno. La esperanza está ligada a la fe. El estar firme y retener la doctrina conducirá a mantener la esperanza que ya Dios ha dado. Todo esto lo hemos recibido y recibiremos por el favor de Dios para con nosotros; no por haberlo ganado, sino por su gracia. La gracia es fundamental en los escritos paulinos. Aquí es fundamental, tanto para lo que ya los tesalonicenses disfrutan en el Señor, como para la esperanza en lo que vendrá.

C. Petición de oración y apoyo mutuo (3.1-5)

El apóstol pide oración por él y por sus colaboradores de tal manera que la palabra que predican pueda seguir corriendo y siendo «glorificada» (3.1). Parece ser que Pablo tenía en mente la metáfora de los juegos olímpicos y personifica la palabra para expresar su idea. La corona que obtenían los corredores representaba victoria y gloria. De la misma forma, al ser divulgada la palabra de Dios también es exaltada por sus propios resultados. En Tesalónica la palabra tuvo gloria porque tuvo fruto entre los tesalonicenses, al punto que se extendió la fama de esta iglesia y la palabra fue «divulgada» a otras regiones (1 Ts 1.8). Otra posibilidad en cuanto a que «la palabra del Señor corra» (3.1) puede ser la idea del Antiguo Testamento, que Dios envía su palabra sobre la tierra y corre velozmente (Sal 147.15).

Además, Pablo pide oración (como era su costumbre) para ser «librados de hombres perversos y malos, pues no es de todos la fe» (3.2). El apóstol se encontró muchas veces con personas que se oponían a su predicación y le perseguían. Esto mismo pasó en Tesalónica cuando llevó el evangelio (Hch 17.6, 10). Hechos registra muchas de las persecuciones por las que Pablo y sus acompañantes pasaron. En 1 Corintios el apóstol da un listado de vicisitudes que ha pasado, incluyendo el ser azotado por los judíos, peligros de ladrones, peligros de los de su nación, peligros de los gentiles y peligros entre falsos hermanos (2 Co 11.23-26). El apóstol pasó por muchos peligros y persecuciones. Es por eso que las oraciones de las iglesias en su favor eran significativas para él. De igual forma hoy en día muchas personas sufren de diferentes modos por predicar la palabra, y la iglesia del Señor debe interceder constantemente por ellas.

Pablo vuelve a animar a la iglesia basándose en la fidelidad de Dios. Por cuanto Dios es fiel, les «afirmará y guardará del mal» (3.3). Estas palabras traerían seguridad y consuelo a una iglesia que había estado atemorizada por la creencia de que ya el Señor había venido. Es también una iglesia que escucha en esta carta cómo el hijo de la destrucción y el mal vendrán. Ahora Pablo les dice y afirma que Dios les guardará del mal y sus corazones serán confortados a pesar de las tribulaciones presentes.

El apóstol apela, en el v. 4, a la confianza que tiene en su audiencia de que hacen y harán lo que él les ha mandado. Hablar de la obediencia de la iglesia tiene también el propósito de prepararles para lo que va a decir más adelante, en el v. 6. Volviendo al v. 4, las instrucciones que Pablo ha dado funcionan como mandatos. Su propósito es procurar la salud de la iglesia. Como hemos visto, el apóstol quiere que su audiencia se aparte de su preocupación por los tiempos finales.

Finalizando esta sección les desea que el Señor encamine sus corazones «al amor de Dios y a la paciencia de Cristo» (3.5). En la introducción había hablado de la paciencia de los tesalonicenses en la tribulación. Ahora desea que tengan la paciencia de Cristo en sus corazones. Cristo fue paciente en sus sufrimientos y sacrificio. Los tesalonicenses tienen el modelo por excelencia de alguien que pacientemente sufrió persecución. Lo han tenido también de Pablo y sus colaboradores. La iglesia misma en el pasado ha sido modelo de perseverancia en la tribulación (1 Ts 1.6). Por lo tanto, ahora también podrán tener la paciencia de Cristo.

D. Instrucciones en cuanto a personas ociosas y otras exhortaciones (3.6-15)

En esta sección Pablo cambia de tema. Vuelve a la problemática de ociosidad de algunas personas. Por la primera carta (véase la discusión en 1 Tesalonicenses) conocemos que esto ya era un problema en aquella iglesia, pero la forma en que Pablo habla y el tiempo que dedica a tratar este tema parecen indicar que la situación se había agravado. La gravedad de la problemática se ve en el hecho de que Pablo, haciendo uso de su autoridad apostólica, les ordena apartarse «de todo hermano que ande desordenadamente» (3.6). Tales personas no siguen las enseñanzas que recibieron de Pablo. Tampoco siguen su ejemplo. El apóstol llama a la imitación de su conducta, que ya la iglesia conoce. Dice que no anduvo desordenadamente, ni comió «de balde el pan de nadie» (3.8). Esta frase es idiomática. Es una figura hebrea y significa el ganarse la vida (Gn 3.19). Posiblemente, como pensaban que ya Cristo había venido, algunas personas creían que no era necesario trabajar, o por alguna otra razón que desconocemos habían adoptado esa conducta. En contraste con la conducta de estas personas, Pablo y sus colaboradores trabajaron «con afán y fatiga día y noche, para no ser gravosos» (3.7) a la iglesia. Tenían todo el derecho de ser sostenidos por la iglesia, pero prefirieron trabajar arduamente para sostenerse, para así dar ejemplo a la iglesia. Estos mismos principios ministeriales aparecen en otras cartas de Pablo, como vimos en 1 Tesalonicenses.

Pablo sigue siendo enfático en el mandato que les está dando en cuanto a las personas ociosas. Les recuerda cómo cuando estaba presente en la iglesia les ordenaba que «si alguno no quiere trabajar, tampoco coma» (3.10). Nuevamente apela a las enseñanzas que ya la iglesia ha recibido de él. Al apóstol le llegó la información sobre algunas personas de la iglesia que no estaban trabajando en nada. En vez de esto estaban «entrometiéndose en lo ajeno» (3.11). La persona ociosa comúnmente invierte su tiempo en meterse en los asuntos de otras personas. La ordenanza y la exhortación del apóstol son claras y respaldadas por el Señor Jesucristo. Se debe trabajar con empeño y obtener con el trabajo el alimento propio.

En el v. 13 Pablo equilibra lo que ha dicho anteriormente, no sea que la iglesia se vaya al extremo de no ayudar a quienes realmente lo necesiten. Les dice que no se cansen de «hacer bien» (3.13). La ayuda mutua era práctica de la iglesia desde sus inicios (según Hechos). Pablo mismo procura una ofrenda para ayudar a los pobres de Jerusalén (Ro 15.26; 2 Co 8.1-14). La caridad era también uno de los principios del judaísmo.

En los vv. 14 y 15 Pablo establece los parámetros a seguir con quienes se conducen desordenadamente, no trabajando en nada. Repite la ordenanza que les había dado en el v. 6 de apartarse de estas personas. Si quien está comportándose desordenadamente no obedece a lo mandado por el apóstol, Pablo le dice a la iglesia: « ...señaladlo y no os juntéis con él, para que se avergüence» (3.14). La palabra para «señaladlo» es *semeioo* y viene de *semeion*, que significa marca o señal. No se dice cómo tiene lugar el señalar —si es por escrito o en la reunión de la iglesia. En la disciplina que se establece no se excomulga a la persona, pero sí se da a conocer su condición. El propósito es que la persona se avergüence. Al avergonzarse puede reconocer su error y corregirlo. La amonestación juega un papel importante en esta disciplina. El apóstol aclara que no cuenten a esta persona como enemiga, sino que le amonesten como parte de la familia de la fe. Este principio de amonestar lo había dado al tratar esta misma problemática en su primera carta (1 Ts 5.14).

Pablo establece disciplina en otras de sus cartas bajo diferentes circunstancias (1 Co 5.1-13; 2 Co 2.5-11) que no podemos discutir aquí. Pero debemos señalar que no se debe generalizar usando un pasaje bíblico como base para todo tipo de circunstancia y disciplina. Pablo trata diferentes situaciones y, aunque hay unos principios que se asemejan, la disciplina debe establecerse según cada situación particular. Aplicar sabiamente la disciplina o corrección no es fácil, pero primero se debe determinar si la «falta» cometida está realmente en contra de la palabra de Dios o en contra de tradiciones establecidas en las iglesias que nada tienen que ver con los principios divinos.

III. Cierre o despedida (3.16-18)

Pablo hace una oración de bendición para que Dios les de paz en todo a los tesalonicenses y esté con la iglesia. Esto también es característico de Pablo. Esta iglesia que había sido sacudida y turbada por falsas enseñanzas en cuanto a la venida del Señor necesita que Dios le dé «paz en toda manera» (3.16). Lo próximo que hace es decir que la salutación es de su propia mano (3.17). Recordemos que las cartas se dictaban, pero el autor acostumbraba escribir la salutación final. En esta carta es significativo que Pablo mencione esto, ya que lo que causó el estremecimiento de la iglesia fue información errónea acerca de la venida del Señor en una supuesta carta atribuida a Pablo. Finalmente se despide con su característico deseo de que la gracia del Señor Jesucristo sea con la iglesia.

Conclusión

Al igual que la iglesia de Tesalónica, la iglesia contemporánea sigue expuesta a doctrinas erróneas sobre los tiempos finales. A través de la historia la iglesia del Señor ha sido estremecida por doctrinas escatológicas que han afirmado hasta fechas específicas para la venida del Señor. El tiempo ha sido el mejor testigo de la falsedad de tales enseñanzas. Debemos mantener las enseñanzas establecidas en la Biblia, y en aquello que no se puede determinar con claridad no especular más allá de lo que el texto bíblico dice.

Capítulo 5

La Carta a Filemón

En nuestro estudio de Colosenses indicamos que hay conexión entre las cartas a Filemón y a los Colosenses. Aunque en Colosenses no se hace mención de Filemón, hay muchos detalles en ambas cartas que sugieren que fueron dirigidas a una misma iglesia. Cuando Pablo escribe ambas cartas está en prisión (Col 4.3; Flm 1,9, 13). Pablo hace mención en ambas cartas, especialmente en los saludos, de las mismas personas colaboradoras suyas. En particular, sobre Onésimo dijimos que en Colosenses Pablo proyecta enviar a Onésimo (junto a Tíquico) y dice «que es uno de vosotros» (Col 4.9). En cuanto a información sobre la iglesia de Colosas, véase más arriba la sección "la iglesia" en nuestro estudio de Colosenses. También la información histórica sobre la ciudad de Colosas se encuentra allí.

Filemón

Lo que sabemos de Filemón lo sabemos por esta carta. Pablo le llama «amado Filemón, colaborador nuestro» (1). Tiene una iglesia en su casa y debió ser protector o patrono de esta iglesia. Su posición económica debió ser buena, ya que por la carta sabemos que tenía al menos un esclavo. Muy posiblemente tenía más. Filemón muestra su fe y amor en acciones a favor de otras personas creyentes (7).

La carta

La epístola a Filemón es la más corta de las cartas paulinas. Es una carta personal, ya que tiene a Filemón como principal destinatario, aunque también va dirigida a otras personas y a la iglesia, como veremos más adelante. Pablo escribe esta carta desde la prisión (1). El lugar de encarcelamiento pudiera ser Roma, Cesarea o Efesios. Aunque no lo podemos saber con precisión, posiblemente fue Roma, ya que muchos esclavos que escapaban se refugiaban allí. Lucas estaba con Pablo cuando se escribió la carta (24). Por la narración de Hechos conocemos que Lucas estuvo con Pablo en Roma. Sin embargo, de todas formas no se puede determinar con seguridad desde dónde fue escrita la carta. Pablo mismo la escribe (19), seguramente por ser una carta personal y por lo que está pidiendo en ella. Algunos otros colaboradores del apóstol se encuentran con él (23-24). Timoteo está con Pablo (1), igual que en la carta a los Colosenses (1.1)

La ocasión de la carta es el envío de Onésimo, un esclavo de Filemón que había escapado (12). La razón por la cual había escapado no se indica. Onésimo está sirviendo a Pablo en sus prisiones. El apóstol se propone enviarlo de regreso y pide que sea bien recibido. Trata de preparar el camino para que esto ocurra. A través de esta carta Pablo intercede o media en favor de Onésimo. Quiere que Onésimo sea recibido como hermano, ya que es su hijo espiritual y ahora hay unos lazos nuevos en Cristo.

En esta carta vamos a ver que el apóstol Pablo no aplaude la esclavitud. Como vimos en Colosenses, en algunas de sus cartas Pablo da instrucciones acerca de cómo conducirse en las relaciones entre personas sometidas a esclavitud y sus amos o amas. Pero esto no quiere decir que el apóstol estuviese perpetuando la esclavitud. En 1 Corintios 7.21 Pablo les dice a las personas esclavas que procuren ser libres si tienen la oportunidad. En Filemón vemos a un Pablo que apela a diferentes argumentos con tal de lograr que un esclavo sea recibido como hermano en Cristo y en el amor de Cristo.

Esta carta se clasifica como carta de recomendación, ya que sigue la forma y estructura de este tipo de cartas en la antigüedad. Aunque en los escritos paulinos encontramos varios pasajes de recomendación (como mencionamos en nuestro estudio de Filipenses y 1 Tesalonicenses), ésta es la única carta de Pablo que es solamente de recomendación. Las cartas de recomendación servían (como hoy) para endosar a una persona. La persona que recomendaba intercedía por una tercera persona para obtener ayuda o favor, o para establecer una relación social entre la recomendada y la destinataria. La relación social entre quien hacía la recomendación y quien recibía la carta tenía más valor para el propósito de recomendación que las credenciales de la persona que se estaba recomendando, especialmente si la persona recomendada era de una posición social baja, como es el caso de Onésimo.

Hay dos convenciones o prácticas sociales que están implícitas en esta carta. Éstas son la amistad y el patronato. En el concepto antiguo de la amistad se esperaba que las personas amigas se ayudasen mutuamente. Usualmente eran de una misma clase social, pero también se daba la amistad entre personas de diferentes niveles sociales. Como vimos en nuestro estudio de Filipenses, el antiguo ideal de la amistad era el de una relación basada en afecto y amor. En la relación de patronato la persona en posición social más alta era la patrona, y la de nivel social bajo era su cliente, y dependía del favor y la ayuda del patrón o la patrona. Se esperaba reciprocidad en las relaciones sociales entre personas amigas y en relaciones de patronato. Usualmente el patrón beneficiaba a su cliente y como consecuencia este último estaba en la obligación moral de responder al favor recibido. Se intercambiaban servicios o favores.

En cuanto a cartas de recomendaciones, la persona que escribía esperaba una respuesta positiva basada en los lazos de amistad, en la relación de patronato o en beneficios y ayuda brindados en el pasado. En nuestro estudio vamos a ver cómo Pablo sigue de cerca las convenciones sociales de sus tiempos, pero también cómo se aparta de ellas en algunos aspectos, especialmente en los fundamentos o bases, que son el amor y los lazos en Cristo que unen a quienes creen.

En esta carta Pablo desarrolla sus ideas usando la forma retórica de un discurso deliberativo, donde se trata de persuadir a la audiencia —en este caso, en cuanto a una acción a tomar. Primero el apóstol introduce (en el exordium) su carta con una apelación (1-7), seguido esto de los argumentos y pruebas (probatio) de lo que está presentando (8-16). Luego presenta el resumen (peroratio) de lo que está tratando (17-21). Al final de la carta Pablo menciona sus planes de visita (21), y termina todo con el cierre o la despedida (23-25).

Bosquejo

I. Introducción o apertura (1-7)
    A. Saludos (1-3)
    B. Acción de gracias (4-7)
II. Cuerpo de la carta (8-22)
    A. Petición e identificación de la persona recomendada (8-16)
    C. Planes de visita e instrucciones en cuanto a alojamiento (22)
III. Cierre o despedida (23-25)

I. Introducción o apertura (1-7)

A. Saludos (1-3)

En el saludo de esta carta nuevamente el apóstol sigue el patrón de las cartas antiguas. Pablo y el hermano Timoteo son quienes escriben (A). Los destinatarios (B) son Filemón, la hermana Apia, Arquipo y la iglesia que está en casa de Filemón. En cuanto a quienes escriben, al saludar Pablo se identifica como «prisionero de Jesucristo» (1). Desde el inicio de la carta está apelando a su condición de prisionero, para que esto ayude a lo que más tarde va a pedir (9). En otras cartas escritas desde la prisión Pablo saluda como acostumbra (por ejemplo, Flp 1.1), y habla sobre su encarcelamiento más adelante en la carta (Flp1.12-13). En Filemón el hablar de su encarcelamiento desde el saludo debe tener como propósito mover a Filemón a tener misericordia. Más adelante, en los vv. 9, 10 y 13, Pablo vuelve a mencionar sus prisiones en su argumentación. En cuanto a Timoteo, lo identifica como «hermano» (1), usando aquí lenguaje de familia que volverá a usar en la carta.

En cuanto a los destinatarios, Filemón es «el amado» y «colaborador» (1). Aquí apela a la amistad y lazos de afecto que tiene con Filemón y a su trabajo juntos por el evangelio. Esto se puede comparar con algunas cartas antiguas de recomendación donde quien escribe apela a compartir asuntos personales y asuntos de la vida pública con la persona amiga a quien dirige su carta o con la persona que está recomendando. Pablo llama a Filemón «colaborador». Como ya sabemos, éste es uno de los términos que Pablo usa para quienes le acompañan en la labor ministerial. El apóstol también dirige su carta a Apia, la «amada hermana» (2), usando nuevamente lenguaje de familia. Se ha sugerido que Apia es la esposa de

Filemón, pero esto no se puede verificar. Apia puede ser alguna líder, y por eso su nombre está incluido en el saludo. De ser así, vemos el liderato de la mujer. Respecto a Arquipo, usa una imagen militar: «compañero de milicia» (2). Esto indica que entre los destinatarios hay otra persona, además de Filemón, que es también colaboradora de Pablo en trabajos y esfuerzos. Arquipo también se menciona en Colosenses en relación a su ministerio (4.17).

Vemos que en este saludo Pablo está usando el lenguaje de familia y de amistad. Con esto prepara a Filemón para cuando más adelante le pida recibir a Onésimo como hermano en Cristo. En cuanto a dirigir la carta a otras personas y también a la iglesia, esto debe ser porque Pablo quiere que otros líderes y la iglesia toda sepan de este asunto. Pablo convierte un asunto privado en cuestión de la comunidad. El que la carta sea leída públicamente (como se acostumbraba) debe estimular más a Filemón a darle una respuesta positiva a la petición del apóstol.

B. Acción de gracias (4-7)

Como es característico de Pablo, introduce su carta con una acción de gracias que anuncia lo que va a tratar. Puesto que esta carta es corta no discutiremos las temáticas que se tratan en la introducción como lo hicimos con las otras cartas, pero sí mencionamos aquí algunas de las palabras claves que aparecen en la introducción y aparecerán luego en el cuerpo de la carta: amor (**4**, 7, 9, 16); participación (**6**, 17); bien, favor (**6**, 14); refrescar (**7**, 20); corazón (**7**, 12, 20). Estaremos viendo cómo lo que Pablo dice en la introducción se enlaza con otras partes de la carta, especialmente con la intención o propósito por el que escribe.

En esta introducción o exordium (4-7) el apóstol da gracias por Filemón y aplaude su conducta. Pablo apela al carácter moral y cristiano de Filemón, en vez de comenzar hablando de la persona a quien recomienda. Dada la falta cometida del esclavo, de escapar de su amo, parece que Pablo prefiere apelar primero al carácter de Filemón. Pero en todo caso apelar al carácter moral de la persona destinataria es característica de las antiguas cartas de recomendación, aunque no necesariamente en la introducción de la carta. Tanto la reputación de la persona que recomienda como la del destinatario eran de suma importancia en la recomendación. También lo era la reputación de la persona recomendada, aunque posiblemente no tanto. Si esta última era de clase social baja, lo que contaba principalmente eran las otras dos personas. En el caso de Onésimo, aun más allá de su clase social, Pablo debe tener presente la falta cometida por el esclavo.

Pablo da gracias a Dios porque oye «del amor y de la fe» (5) que Filemón tiene para con el Señor y para «con todos los santos» (5). El apóstol deja ver que el amor de Filemón por «los santos» es inclusivo. El amor para «con todos los santos» es prueba de la fe de Filemón. En el v. 7 Pablo vuelve a apelar al amor de su destinatario. Esto prepara a Filemón para cuando más adelante Pablo le pida que reciba a Onésimo, no ya como esclavo, sino como «hermano amado» (16). También Pablo espera que la «participación» (koinonia) (6) de esa fe sea eficaz a través del bien que hay en él. El tiempo del verbo «sea» (6) indica una acción indefinida. Describe lo que puede ser. Pablo espera que la *koinonia* de la fe de Filemón sea efectiva con otras personas. Esto apunta hacia la petición que más adelante hará. El apóstol quiere que Filemón extienda su *koinonia* a Onésimo. La fe de Filemón será efectiva en relación al «bien» (6) que hay en él. La palabra griega para bien es *agathos* y significa lo que es intrínsicamente de valor, moralmente bueno. Se puede decir que el apóstol está llamando a Filemón a hacer, como lo ha hecho en el pasado, lo que es moralmente bueno en el Señor. Aplicándolo a Onésimo, esto sería el recibirle en *koinonia* en Cristo, no en una relación social de amo-esclavo.

Pablo sigue reconociendo lo que es Filemón. Dice en el v. 7 que «tenemos gran gozo y consolación en tu amor, porque por ti, hermano, han sido confortados los corazones de los santos». Con esto sigue preparando el camino para lo que va a pedir. El lenguaje de amistad está aquí presente. Más adelante Pablo apela a ese amor (9). También vemos el lenguaje de amistad al hablar de cómo Filemón ha confortado los corazones (splagenon) de otras personas cristianas. La palabra para corazones, *splagenon*, tiene la connotación de afectos profundos. Pablo vuelve a usar este término en el v. 12, como explicaremos más adelante. Encontramos lenguaje de familia al llamarle nuevamente «hermano» (7). Además hay terminología de consolación. Pablo reconoce el bien que Filemón ha hecho en el pasado. Confortó a Pablo y a la iglesia haciendo el bien a otras personas. Al recordarle esto, está apuntando hacia lo que va a pedirle más adelante en esta carta: «conforta mi corazón» (20) haciendo bien a Onésimo. Ulteriormente el bien que haga Filemón se lo está haciendo no sólo a Onésimo, sino también a Pablo y a la iglesia.

II. Cuerpo de la carta (8-22)

A. *Petición e identificación de la persona recomendada (8-16)*

En esta sección Pablo hace su petición (que viene siendo la tesis o peroratio) y desarrolla su argumentación o probatio hablando de Onésimo y de las razones para escribirle a Filemón. Primero dice que él (Pablo) pudiera hacer su petición como un mandato. Le dice que tiene «mucha libertad en Cristo» para mandarle «lo que conviene» (8). Vemos que Pablo puede, en Cristo, ordenarle a Filemón que cumpla con lo que «conviene» (aneko) (8). *Aneko* presume cumplir las demandas y así hacer lo conveniente; presume una autoridad en Pablo a la cual Filemón está obligado. Sin embargo, Pablo no usa el derecho que tiene en Cristo, sino que prefiere rogar o pedir el favor. Para esto, apela nuevamente a sus prisiones y al amor de Filemón al decirle, «prefiero rogártelo apelando a tu amor, siendo yo, Pablo, ya anciano, y ahora además, prisionero de Jesucristo» (9). Además apela a su ancianidad. En la antigüedad la persona anciana era vista como capaz de guiar a otras. También se entendía que se debería respetar a las personas ancianas, pero también el texto se puede traducir, en lugar de «anciano», como «embajador». Si Pablo se está identificando como embajador de Jesucristo está apelando a su autoridad apostólica. Si Filemón considera la ancianidad de Pablo o su autoridad como embajador de Jesucristo, debería mostrar su respeto y afecto respondiendo positivamente a su petición. Pablo está indicando su fuerza moral al hablar de su ancianidad y su autoridad, y de su padecimiento de prisiones por el evangelio. Hacer referencia al carácter moral de la persona que escribe la recomendación es también característica de las antiguas cartas de recomendación, ya que ayuda a obtener la respuesta esperada.

En los vv. 10 al 12 se establece la petición. Pablo pide que Filemón reciba a Onésimo como a sí mismo. La obligación de recibir a alguien como si se recibiese a la propia persona que es amiga era parte de las ideas de amistad del mundo antiguo. Por otro lado, la ley veterotestamentaria establecía que se recibiera a una persona esclava cuando escapaba (Dt 23.15), pero en cuanto a la ley romana, lo que Pablo está pidiendo no es sencillo. Aunque no sabemos las causas por las cuales el esclavo escapó, sí sabemos que la falta misma de escapar era legalmente condenada. La ley romana establecía que las consecuencias para una persona esclava que escapaba era ser castigada brutalmente, o hasta la muerte. Además quien retenía o sostenía a una persona esclava que había escapado también confrontaba serias consecuencias legales. Pablo mismo estaba en riesgo por haber ayudado a este esclavo. Sin embargo, los lazos de amistad entre la persona que daba asilo y la dueña podían ser beneficiosos para la persona esclava. Si la persona que daba asilo enviaba a la esclava de regreso con una carta de recomendación, había la posibilidad de que su amo o ama tuvieran misericordiosa. La relación de amistad de Pablo con Filemón es esencial para que se reciba a Onésimo. Pablo está tratando a Onésimo como parte de la familia de la fe. En el mundo antiguo el ayudar a otras personas en asuntos legales se debía reservar para la familia y los amigos. Aunque Pablo no está frente a un tribunal, está evitando que Onésimo sufra las consecuencias de su huida, incluso la pena de muerte.

En cuanto a la identificación de la persona recomendada, en su petición Pablo establece que Onésimo es su hijo espiritual. Dada la posición social de Onésimo y lo que había hecho, Pablo no apela a su carácter moral. La ley romana consideraba a las personas esclavas como propiedades. No tenían ningún derecho legal como personas, pero el apóstol apela a la nueva posición que Onésimo tiene en Cristo. Lo que Pablo dice de Onésimo tiene que ver con su relación como hijo en la fe. Dice: «Te ruego por mi hijo Onésimo, a quien engendré en mis prisiones» (10). Pablo conoció a Onésimo estando en prisión y le ganó para el Señor. Lo considera su «hijo» (teknon), la misma designación que usa para Timoteo (1 Co 4.17). Nuevamente el apóstol usa lenguaje de familia en su petición. Con esto une a Filemón con el esclavo. En los escritos de Pablo, la imagen paternal indica sentimientos profundos. Si Pablo se considera como un padre para Onésimo, Filemón debe recibirle no como esclavo, sino como hermano.

Pablo reconoce que Onésimo no fue de utilidad para su amo. Los esclavos de Frigia tenían fama de ser vagos. Onésimo viene de Colosas, que está en Frigia, pero ahora Onésimo es de provecho tanto para él como para su amo (11). Pablo está previniendo un posible rechazo de parte de Filemón. Si el esclavo no fue útil por su conducta pasada, ahora ha sido útil a Pablo en sus prisiones. La base que Pablo establece no es lo que era el esclavo antes, sino lo que es ahora. De hecho el nombre del esclavo, Onésimo, significa útil, de provecho. Era un nombre común para esclavos.

En el v. 12 repite la petición: «Te lo envío de nuevo. Tú pues, recíbelo como a mí mismo». En la frase «como a mí mismo» el idioma griego dice literalmente «mi propio corazón», y se usa la misma palabra que en el v. 7 para corazón (splagenon), cuando Pablo dijo que Filemón había confortado «los corazones de los santos» (7). El apóstol le está diciendo a Filemón que le envía su propio corazón. Esto habla del profundo afecto y lazos de amistad que tiene con Onésimo.

Pablo también dice que Onésimo le sirvió durante sus prisiones en lugar de Filemón (13). En otras palabras, Filemón es el que debería haber estado sirviendo a Pablo durante su encarcelamiento. Por la forma en que Pablo habla vemos que se considera a sí mismo benefactor o patrono de Filemón. Sin embargo, aunque pudiera ordenarle o exigirle, decide no hacer nada sin su aprobación (14). El propósito es que el bien que haga Filemón sea voluntario y no forzado. Debe basarse en los lazos de amor en Cristo. El amor en Cristo no es forzado ni se ordena. Filemón tiene diferentes opciones a seguir. Pablo espera que se decida por la opción de mostrar su amor hacia un miembro de la familia de la fe.

En el v. 15 el apóstol reafirma su petición. Le dice a Filemón que quizás el esclavo se había apartado por algún tiempo para que ahora «lo recibas para siempre» (15). La frase «para siempre» (15) significa eternamente. Con los nuevos lazos en Cristo la relación de familia es eterna. Ahora Onésimo debe ser recibido «no ya como esclavo, sino como más que esclavo, como hermano amado, mayormente para mí, pero cuánto más para ti, tanto en la carne como en el Señor» (16). Onésimo es hermano amado de Pablo, y por ende debe ser hermano amado de Filemón. Por lo tanto Filemón debe considerarlo igual que a Pablo. Sería hermano como parte de la familia de la fe en el Señor, y «en la carne» en la sociedad, porque ya no sería propiedad de su amo, sino su hermano.

Los vv. 17 al 22 son la peroratio o resumen del caso presentado. El apóstol vuelve a apelar a los lazos de amistad y afecto que tiene con Filemón para que éste reciba a Onésimo como si lo recibiera a él. Filemón es su «compañero» koinonos (17). Koinonos es una persona socia, compañera, que comparte en algo con otra persona. Pablo utiliza aquí la misma terminología que usó al hablar de la «participación» (koinonia) (6) de la fe de Filemón. Es por eso que dijimos que Pablo quiere que Filemón extienda su koinonia al esclavo. Una vez más, la idea de recibir a alguien como si se recibiese a otra persona amiga era parte del ideal de amistad del mundo antiguo. Filemón debe recibir a Onésimo como amigo, hermano y compañero, como si fuera Pablo mismo.

El apóstol promete pagar a Filemón cualquier deuda que el esclavo le deba (18-19). Le dice que si en algo el esclavo le «debe», lo ponga a su «cuenta» (18). No sabemos qué debía el esclavo. El apóstol utiliza términos comunes para transacciones comerciales y legales. Está asumiendo una deuda para ayudar al esclavo. Escribe su compromiso con su propia mano (19). En la cultura grecorromana las personas amigas se ayudaban mutuamente no sólo con servicios, sino también en lo económico. Pablo está dispuesto a comprometerse por el afecto que le tiene a Onésimo, y lograr así una respuesta positiva. La ley romana establecía que cualquier persona que diese asilo a una persona esclava que hubiera escapado tenía que pagarle al amo o ama el valor de cada día de trabajo perdido. Ésta pudiera ser la razón por la que Pablo habla de la deuda del esclavo. Aunque el apóstol asume la deuda, también dice que Filemón mismo se debe a él. Esto denota la relación de patronato.

En el v. 20 Pablo dice: «Sí, hermano, tenga yo algún provecho de ti en el Señor». Nuevamente se ve aquí la relación de patronato, donde se esperaba reciprocidad de parte de la persona beneficiada. En este caso Filemón había sido beneficiado por Pablo y ahora el apóstol apela a la convención social de reciprocidad. Ese «provecho» redundará en que Pablo sea confortado. Le dice: «conforta mi corazón en el Señor». Una vez más, para la palabra «corazón» se usa el término *splagenon* (usado en los vv. 7 y 12). Se sabía que Filemón daba este tipo de ayuda (7), y Pablo espera que lo haga nuevamente.

Además, en el v. 21 Pablo dice que confía en la obediencia de su destinatario, a tal grado que espera que haga más de lo que se le ha pedido en la carta. Esto es otra apelación, en este caso a un aspecto del carácter moral de Filemón, a su obediencia. Sin embargo, también denota la autoridad apostólica de Pablo. En cuanto a esperar que haga más de lo que se le ha pedido, pudiera referirse a darle la libertad al esclavo. El sistema romano de esclavitud proveía para que se pudiera legalmente dar libertad a las personas esclavas. Esto se llamaba manumisión. Otra posibilidad es que Pablo pudiera estar esperando que Filemón estuviera dispuesto a enviar a Onésimo de regreso adonde el apóstol para que continuara ayudándole en sus prisiones. Pero no se puede precisar la intención de Pablo al decir que espera que Filemón haga más de lo que le ha pedido.

Observemos que en esta carta hay una relación entre Pablo y Filemón de amistad entremezclada con patronato, pero a diferencia al mundo grecorromano la base para el patronato de Pablo, así como para la amistad, es lo que se es en Cristo. Pablo tiene la autoridad en Cristo para ordenarle a Filemón que reciba al esclavo. Aunque pareciera demandar reciprocidad basándose en lo que Filemón le debe (19), realmente lo pide de favor (14). Los argumentos de Pablo deben poner a Filemón bajo presión, pero a la postre el apóstol le deja la decisión a Filemón. Los resultados de esta carta debieron ser positivos. Si Colosenses se escribió a la par con Filemón, podemos decir que Pablo esperaba que el resultado fuera positivo, ya que en Colosenses dice que espera enviar a Onésimo a Colosas, junto con Tíquico, y dice que Onésimo «es uno de vosotros» (4.9).

Ciertamente esta carta tiene el patrón y las características de las antiguas cartas de recomendación. Vemos también cómo Pablo está a la par con las prácticas y convenciones de su tiempo, pero hay dos elementos principales que difieren de los patrones del mundo grecorromano. El primero es que el apóstol recomienda a Onésimo, basándose en la nueva relación en Cristo que tiene ahora con él y que ya antes tenía con Filemón. Pablo rompe con las prácticas sociales de su tiempo, donde la persona esclava no tenía lazos sociales basados en amistad con sus amos o amas. Para el apóstol, en el Señor no hay «esclavo ni libre» porque «todos vosotros sois uno en Cristo Jesús» (Gl 3.28). El segundo aspecto es que la petición del apóstol se fundamenta en el amor en Cristo. En los escritos de Pablo el amor es central en las relaciones entre creyentes. En el mundo antiguo el ideal de la amistad sa basaba en el amor humano. En las Escrituras el amor cristiano se arraiga en el amor de Dios por nosotros (Ro 5.8). Ese amor ha sido derramado en nuestros corazones (Ro 5.5).

C. Planes de visita e instrucciones en cuanto a alojamiento (22)

En el v. 22 Pablo da instrucciones para que se le hospede, ya que espera visitar a Filemón. Las convenciones sociales de amistad y patronato se entrelazan en el v. 22 cuando Pablo requiere que Filemón le prepare alojamiento. En el concepto antiguo de la amistad, la hospitalidad era parte del intercambio o reciprocidad de servicios. Como amigo, Filemón debe recibir a Pablo, pero Pablo no está solicitando que lo reciba, sino que lo está ordenando. Esto último denota patronato. Además, Pablo dice que espera que por las oraciones de la iglesia él pueda serles «concedido» por Dios (22). Aquí Pablo asume que ya están orando. Es característico de sus cartas el pedir oración. En este caso las oraciones de la iglesia ayudarán a que sea liberado de sus prisiones.

III. Cierre o despedida (23-25)

En el v. 23 Pablo envía saludos de Epafras. Dice que es compañero de prisiones (nuevamente, cerrando ya la carta, menciona sus prisiones). Este Epafras debe ser el mismo de quien se habla en Colosenses. También Marcos, Aristarco, Demas y Lucas envían saludos. Ellos son colaboradores de Pablo y también se mencionan en la carta a los Colosenses. Este listado de colaboradores nos indica que Pablo compartía su ministerio con otras personas. También deja ver la mutualidad en el trabajo en el Señor. Finalmente el apóstol se despide con su acostumbrada bendición deseando que la gracia de nuestro Señor Jesucristo sea con Filemón y con la iglesia.

Conclusión

Los principios que el apóstol sigue en esta carta deben servirnos para aplicarlos en diferentes áreas de la vida cristiana y en nuestra sociedad. Hoy no tenemos esclavitud en nuestra sociedad, pero hay situaciones donde se procura «esclavizar» a otras personas. Podemos mencionar, por ejemplo, el abuso contra las personas inmigrantes indocumentadas, el abuso en la violencia doméstica, el abuso infantil, y muchas otras condiciones esclavizantes. La iglesia del Señor debe denunciar estas situaciones y operar bajo los principios y valores morales establecidos en la palabra de Dios.

Bibliografía Selecta

Brown, Raymond, Joseph A. Fitzmyer, Roland E. Murphy (editores), *Comentario Bíblico San Jerónimo, Tomos III y IV* (Madrid: Ediciones Cristiandad, 1972).

Fee, Gordon. *Comentario de la Epístola a los Filipenses* (Terrasa: Editorial CLIE 2006).

Foulkes, Ricardo. *Gálatas, Efesios, Filipenses, Colosenses y Filemón, Comentario Bíblico Mundo Hispano, Tomo 21* (El Paso: Editorial Mundo Hispano, 1995).

González-Tejera, Awilda. *Intercession in Paul's Letters* (Ann Arbor: ProQuest, 2003).

Green, Eugenio. *I y II Tesalonicenses* (Grand Rapids: Editorial Portavoz, 2000).

Hendriksen, William. *1 y 2 Tesalonicenses* (Grand Rapids: Libros Desafío, 1990).

Hendriksen, William. *Colosenses/Filemón* (Grand Rapids: Libros Desafío, 1990).

Hendriksen, William. *Filipenses* (Grand Rapids: Libros Desafío, 1990).

Martin, Ralph. *Colossians and Philemon* (Grand Rapids: Eerdmans, 1992).

McArthur, John. *Colosenses y Filemón* (Grand Rapids: Editorial Portavoz, 2003).

Morris, Leon. *Carta a los Tesalonicenses* (Buenos Aires: Certeza, 1976).

Robins, Ray Frank. *Filipenses* (El Paso: Casa Bautista de Publicaciones, 1980).

Smith, Abraham. *Comfort One Another: Reconstructing the Rhetoric and Audience of 1 Thessalonians* (Louisville: Westminster John Knox, 1995).

Witherington, Ben. *Friendship and Finance in Philippi* (Valley Forge: Trinity Press, 1994).

Zorzoli, Rubén O. *Gálatas, Colosenses y Filemón* (El Paso: Casa Bautista de Publicaciones, 2003).